Ferdinand Becker

Die Darstellung Jesu Christi

Unter dem Bilde des Fisches auf den Monumenten der Kirche der Katakomben

Ferdinand Becker

Die Darstellung Jesu Christi
Unter dem Bilde des Fisches auf den Monumenten der Kirche der Katakomben

ISBN/EAN: 9783743411692

Hergestellt in Europa, USA, Kanada, Australien, Japan

Cover: Foto ©Lupo / pixelio.de

Manufactured and distributed by brebook publishing software
(www.brebook.com)

Ferdinand Becker

Die Darstellung Jesu Christi

Die

Darstellung Jesu Christi

unter

dem Bilde des Fisches

auf den Monumenten der Kirche der Katakomben

erläutert

von

Ferdinand Becker.

Breslau.
Verlag von Max Mälzer.
1866.

Vorrede.

Dem Verfasser der vorliegenden Schrift war es vergönnt, nach Vollendung seiner theologischen Berufsstudien Rom, „die hohe Schule für alle Welt" (Winkelmann), zu besuchen. Von dem reichen Schatze, den „die ewige Stadt" in mannigfachster Weise dem Fremden zur Ausbeute bietet, war nichts im Stande mich in dem Maasse zu fesseln als die Katakomben, diese grossen Niederlagen nicht blos der Leiber der „theuren Märtyrer" und Streiter im weiteren Sinne aus der Heldenzeit der Kirche, sondern eines guten Stückes Geschichte jener Tage überhaupt.

Durch die vielfachen Unterstützungen seitens des archäologischen Institutes zu Rom, besonders seines ersten Secretairs, des Herrn Prof. Henzen, wurden mir die Mittel geboten und die Wege gebahnt, die mir zur Erreichung meiner Bestrebungen förderlich und nöthig waren. Dahin gehört besonders die Vermittlung einer näheren Bekanntschaft mit dem grossen Archäologen Cavaliere Giovanni Battista de Rossi, in Folge deren ich von diesem Bosio des 19. Jahrhunderts mit ausserordentlicher Zuvorkommenheit zu wiederholten Malen an die Stätten seiner so gründlichen und ehrenvollen Studien geführt und damit immer wieder auf's Neue zu weiteren eigenen Forschungen angeregt wurde.

Ich darf hier das Geständniss nicht zurückhalten, dass durch diese Beschäftigung mit den Monumenten des höchsten christlichen Alterthums ich eine mir fast völlig neue, von der bisherigen Universitätsbildung kaum irgendwie berührte Welt betrat. Der Stätten sind auf deutschen Hochschulen noch wenige, wo auch nur irgend etwas von „monumentaler Theologie" zu hören ist. Wenn auch über die Wichtigkeit dieser Disciplin Piper wiederholt ein gut Zeugniss abgelegt hat, so ist doch bis jetzt die Beschäftigung mit derselben noch ziemlich selten. Besonders hört man in Bezug auf die so unendlich reichen Fundgruben für die Kenntniss der Sitte, des Lebens und Glaubens der ältesten Kirche — die Katakomben — auf theologischem Gebiete meist nur Aeusserungen allgemeinster Art. Ja, ein belletristisches Meisterwerk, Wiseman's *Fabiola* hat wohl mehr zur Kenntniss der Kirche der Katakomben beigetragen als die Arbeiten der streng wissenschaftlichen Theologen, besonders der deutschen und evangelischen Kirche.

In diesem Mangel sah ich eine Aufforderung, demselben nach meinen Gaben und Kräften steuern zu helfen. Um Handlangerdienst nur schien es sich mir zunächst zu handeln: Italienische, unter den Augen des Preussischen archäologischen Institutes vorgenommene Forschung der deutschen theologischen Welt zu vermitteln. Wahrhaft Eigenes über nur sehr bedingter Weise zugängliches Material — soweit der Permess der päpstlichen Commission der Ausgrabungen es eben gestattet — zu liefern, ist dem Fremden bei einem vorübergehenden Aufenthalte in Rom fast unmöglich. Im günstigsten Falle hätte solche Arbeit einen wissenschaftlich höchst zweifelhaften Werth. So kam es mir denn vor Allem auf ein Aneignen, Nachprüfen der fremden Forschung an und dann auf Wiedergabe des auf diese Weise gewonnenen Materials.

Wir wählten einen Gegenstand, der sich uns aus mehr als einem Grunde zu empfehlen schien. Zunächst schon deshalb: Das feste Bekenntniss zu Jesu Christi Gottheit und Messiaswürde enthält das Symbol des Fisches. So kann und möge es uns in unserer von Fragen und Zweifeln über diesen selben Jesus erfüllten Zeit als ein ermunternder Zuruf aus alten Tagen erklingen, im Glauben der apostolischen und altkatholischen Kirche zu beharren. Sodann ist der „Fisch" ein uns zunächst überaus fernliegendes, deshalb näherer Kenntnissnahme bedürftiges Symbol einerseits zwar, andererseits doch aber auch eins der unter den alten Christen am Allgemeinsten verbreiteten. Und deshalb führt grade der ΙΧΘΥΣ uns recht tief in die Kenntniss der Kirche der Katakomben ein. — Verhehlen wir dann auch nicht noch ein

Letztes, das uns grade den „Fisch" zur Bearbeitung wählen liess. Wir besitzen über ihn eine Mustermonographie aus der Feder de Rossi's im 3. Bande von Pitra's *Spicilegium Solesmense* (Paris, 1855 in 4°) Seite 545—577: *De christianis monumentis IXΘYN exhibentibus*. Es ist dies die erste archäologische Arbeit de Rossi's, wird als solche von ihm immer mit Vorliebe citirt (vgl. z. B. *Bull. di arch. cr.* 1864, S. 10). Dem deutschen Theologen jedoch ist sie wenig zugänglich, sowohl wegen der doch immer nur geringen Verbreitung des *Spicilegium Solesmense* (Separatabdrücke der Abhandlung de Rossi's sind nun gar nur in 100 Exemplaren ausgegeben worden), als auch wegen ihrer Anlage. Es wird immer ein mit der christlichen Archäologie im Allgemeinen und mit Kenntniss der römischen Oertlichkeiten im Besonderen ziemlich vertrauter Leser vorausgesetzt. Eine neue Bearbeitung der de Rossi'schen Schrift erschien mir ferner wünschenswerth wegen der seit ihrem Erscheinen gemachten neuen Entdeckungen von IXΘΥΣ-Monumenten. Eine solche ist aber endlich auch dadurch begünstigt, dass uns gegenwärtig der erste Band der *Inscriptiones Christianae urbis Romae septimo saeculo antiquiores* (1857—1861) vorliegt, sowie der 1864 erschienene erste Band der *Roma sotterranea* de Rossi's. — So suchte ich Alles zu sammeln und besonders auch zu ordnen, was sich mir Altes (dabei galt es häufig Fingerzeigen de Rossi's zu folgen, die uns in nicht leicht zu Gebote stehende, ältere Italienische Werke wiesen) und Neues über den IXΘΥΣ darbot. In einigen Fällen (aber auch nur einigen) hätte ich vielleicht ein Wenig mehr oder Genaueres bieten können, wäre schon in Rom der Entschluss zu einer Arbeit über den symbolischen Fisch gefasst worden.

Wie wir bisher unsere Abhängigkeit von de Rossi bezeugten, sprechen wir dieselbe besonders auch in Bezug auf die Namen der einzelnen Cömeterien aus. Wir bedienen uns im Nachfolgenden (in Abweichung von den älteren Werken, besonders auch noch von Perret) stets der neuesten, nicht ohne die triftigsten Gründe von de Rossi eingeführten Bezeichnungen. Darnach heisst z. B. das früher nach Callistus genannte Cömeterium das der Domitilla (officiell in Rom: de' SS. Nereo ed Achilleo); das des Praetextatus ist das des Callistus u. s. f.

Von der den ΙΧΘΥΣ speciell betreffenden Literatur nenne ich schliesslich noch ausser der genannten Hauptschrift:
Jo. Cypriani *diss. de nomine Christi acrostichio*, ἰχθύς, *piscis*. Leipzig 1699, in 4°.
Costadoni *Dissertazione sopra il pesce come simbolo di G. C. presso gli antichi cristiani* (in Calogerà *Raccolta d'opuscoli scientifici e filologici*, t. XLI [S. 247—329] 1749).
Polidori *del pesce come simbolo di Cristo e dei cristiani* (im Mailänder *Amico cattolico* von 1843).

Die erst genannte Dissertation ist gewiss recht selten. Wir haben sie nicht gesehen. Costadoni stellt etwa 40 Monumente mit ΙΧΘΥΣ zusammen, darunter einige ungehörige und unächte. So hat er wenig zur tieferen Kenntniss des symbolischen Fisches beigetragen. Polidori soll manches Neue geboten haben. Ich konnte nirgend mir seine Abhandlung in Deutschland verschaffen. Der selbstverständlicher Weise nur de Rossi'sche Forschungen wiedergebende Artikel *Poisson* in Martigny's *Dictionnaire des antiquités chrétiennes* (Paris 1865) wird in seiner Anordnung sich schwerlich des Beifalls der Archäologen erfreuen können. Die Monumente werden in demselben eigentlich nur nebenher aufgeführt oder müssen gar ganz fehlen. Wir hielten die Vorführung der einzelnen Gattungen der ΙΧΘΥΣ-Monumente durchaus für die geeignetste Form. Durch Abbild auch suchten wir sie dem Leser recht nahe zu bringen und so die eigene Prüfung zu ermöglichen.

Und damit, geneigter Leser, bist Du an die Schwelle meiner Sammlung der den ΙΧΘΥΣ betreffenden Denkmäler geführt. Mögest Du ein kurzes Verweilen auf einem von Dir vielleicht wenig bisher betretenen Boden nicht bereuen.

Berlin, im Februar 1866.

DER VERFASSER.

Inhalt.

Erster Abschnitt: Die neuesten Ausgrabungen im coem. Domitillae zu Rom mit der ältesten uns bekannten symbolischen Darstellung Christi unter dem Bilde des Fisches. Bedeutung und Entstehung dieses Symboles 1

Zweiter Abschnitt: Der Fisch auf den Grabdenkmälern: als das Anagramm ΙΧΘΥΣ, als Darstellung eines einzelnen Fisches, in seltner vorkommenden Verbindungen mit anderen Symbolen . 20

Dritter Abschnitt: Der Fisch auf Grabdenkmälern in Verbindung mit anderen Symbolen: dem Vogel, dem Anker, dem Brode . 51

Vierter Abschnitt: Der Fisch auf den vertieft geschnittenen Steinen und Siegeln, den Gläsern, den Lampen, als Amulett . . 77

Fünfter Abschnitt: Der Fisch auf den Wandgemälden der Katakomben 99

Schluss 125

Druckfehler - Berichtigung.

S. 6, Zeile 1 ist hinter „in der Mitte" „einander" einzuschalten.

S. 59 steht in der Inschrift u. 62 zwei Mal Σ statt E.

S. 62, Zeile 4 lies „gefundenen". Etwaige weitere Versehen bittet man den Leser freundlichst selbst zu verbessern.

Erster Abschnitt.

Die neuesten Ausgrabungen im coem. Domitillae zu Rom mit der ältesten uns bekannten symbolischen Darstellung Christi unter dem Bilde des Fisches. Bedeutung und Entstehung dieses Symboles.

Beim Kirchlein *Domine quo vadis* bei Rom zweigt sich rechts von der Appischen Strasse die *strada della Madonna del divino amore* ab. Erstere führt in kurzer Zeit zu den Katakomben von S. Callist und Sebastian, letztere (mit der Via Ardeatina vereinigt) zu denen der h. Domitilla oder de' S.S. Nereo ed Achilleo am Tor Marancio. Indem wir dieses Terrain betreten, befinden wir uns auf einem einst der familia Flavia Augusta gehörigen Grundstück.[1]) Hier, dicht an der alten Via Ardeatina, haben wir auch wohl die Gräber des christlichen Zweiges der Flavier zu suchen, der in der Kampfesgeschichte der christlichen Kirche eine so ehrenvolle Stelle einnimmt. Zu den schon früher bekannten, durch die Eleganz des Styles wie der Ausführung der Malereien und Inschriften auf die ersten Zeiten christlicher Katakomben-Anlagen hinweisenden Begräbnissstätten dieser unterirdischen Todtenstadt ist im Laufe der letzten Jahre eine neue, höchst wichtige Entdeckung getreten. Der Bruder des bekannten Giov. Batt. de Rossi — Michele — fand, ausschliesslich durch geologische Daten geleitet, in der vigna Sacripante einen

---

1) Den Nachweis giebt de Rossi in seiner *Roma sotterranea crist.* Bd. I (Rom 1864) S. 266 f. u. in seinem *Bullettino di arch. cr.* März 1865.

Eingang ebener Erde zu einem seit 1714 unzugänglichen[1]) Theile des Cömeteriums[2]) der Domitilla.[3]) Durch ein Vestibulum einfachsten, klassischen Styles mit einem Gemache rechts und links aus etwas späterer Zeit betritt man einen sich allmälig senkenden, verhältnissmässig breiten Gang, von dem sich rechts und links kleine Kammern und Seitengänge abzweigen.[4]) Die Decke desselben ist mit Weinranken ausgemalt, zwischen denen kleine Vögel herumflattern, während auf denselben[5]) überaus zierliche Genien mit der Weinlese beschäftigt sind.

Die Ausführung ist ungemein zierlich und naturgemäss, frei von jenem Haschen nach Symmetrie, das uns auf ähnlichen decorativen Gemälden entgegentritt, z. B. auch in dem Grabgewölbe di S. Gennaro in dem coem. Praetextati (im *Bull. di arch. cr.* 1863. S. 3). Wir werden lebhaft an die Gemälde in den Columbarien der Augusteischen Zeit erinnert. Dennoch kann man über den ausschliesslich christlichen Ursprung dieses Raumes und seiner Ausschmückung nicht in Zweifel sein. Freilich sind die Fresken an den Seitenwänden durch die Barbarei früherer Besucher

---

1) Das ist hier wie anderwärts überaus leicht aus den angeschriebenen Namen der Besucher zu ersehen, welche meist auch die Jahreszahl hinzufügten.

2) Κοιμητήριον, *coemeterium, dormitorium*, bei den Heiden das Schlafgemach des Hauses, bei den Christen die Ruhestätte im Tode, „derer die da schlafen" (1 Thess. 4, 13) ist eine der ältesten und schönsten Bezeichnungen der christlichen Begräbnissstätten, in der römischen Archäologie die bei Weitem vorherrschendste. Das sonst im gewöhnlichen Sprachgebrauche so übliche Wort „Katakomben" findet sich zuerst bei Gregor I (Epist. lib. III. ep. 30) in der Form *catacumbae*, doch ausschliesslich noch als Bezeichnung für die Grabgewölbe unter der alten Basilika S. Sebastiano, dann aber auch für die unterirdischen Begräbnissstätten im Allgemeinen, so viel als κατατύμβιον, unterirdische Grabstätte, daher richtiger catatumba. Vgl. Bellermann, *über die ält. chr. Begräbnissstätten* S. 7 Anm. 2 und ausführlicher de Rossi R. S, S. 85 ff.

3) Vgl. de Rossi, R. S. t. I S. 187, 266 u. in dem von Michele de Rossi verfassten Anhange S. 60.

4) Einen Plan dieser Ausgrabung giebt de Rossi in s. *Bull. di arch. cr.* 1865 S. 35 (Mai).

5) So auch auf dem schönen, obigem Gemälde nicht unähnlichen Nischenbilde aus demselben coem. Domitillae (früher fälschlich Callist genannt) das schon Bosio *Roma sott.* S. 261 mittheilt, seitdem häufig abgedruckt ist, zuletzt im *Chr. Kunstblatt* 1865, S. 149.

fast völlig zerstört. Bei aufmerksamer Betrachtung erkennt man jedoch noch die Spuren von symbolischen und geschichtlichen Darstellungen aus dem bekannten Bilderkreise der Katakomben, so besonders Daniel zwischen den beiden Löwen. Bei dem letzteren Bilde aber tritt das höhere Alter der Fresken dieses neu entdeckten Raumes im Unterschiede von den meisten uns sonst bekannten altchristlichen Gemälden besonders hervor. Die Löwen haben noch nicht jene spätere, starre Form angenommen, in der wir sie fast stets in sitzender Stellung mit aufgewundenem Schweife dargestellt sehen.[1]) In lebhafter Bewegung springen sie auf Daniel zu. Auch Landschaften im Pompejanischen Style, die sonst in den Katakomben äusserst selten sind, aber gerade noch einmal in dem coem. Domitillae vorkommen, finden sich hier wie zuweilen auch in den heidnischen Begräbnissstätten.[2])

Alle diese Umstände sprechen für ein hohes Alter dieses neu entdeckten Raumes. Besonders aber bestätigt der so wenig versteckte, künstlerisch so befriedigende Eingang dieses Cömeteriums im Einklange mit den von uns charakterisirten Fresken de Rossi's so beachtenswerthe, schon vor der vollständigen Eröffnung dieser neuen Ausgrabung aufgestellte Behauptung, dass die ältesten christlichen Begräbnissstätten Privatpersonen gehörten, sich durchaus des Rechtsschutzes erfreuten, und so keineswegs versteckt angelegt werden mussten.[3]) Erst als gegen Ende des zweiten Jahrhunderts die Kirche als solche gemeinsame Cömeterien unterhielt, wurden dieselben bald geschützt, bald richtete sich die Verfolgung gegen sie. Erst in dieser Zeit musste man auf versteckte Anlage bedacht sein, auf engen Treppen zu den tief unterirdischen Räumen hinabsteigen. Beachtenswerth ist ferner in diesem unseren, nun bald zur Genüge gekennzeichneten Katakomben-Gange die verhältnissmässig grosse Raumverschwendung bei der Anlage der einzelnen Gräber. Sie be-

---

1) So besonders auf der Darstellung im coem. Priscillae bei Bosio, R. S. S. 527, Aringhi, R. S. Bd. II S. 281. Vgl. ausserdem Bosio R. S. S. 235. 239. 259. 383. 387. 517. 521. 565.
2) Vgl. z. B. *Monum. dell' Inst.* 1861. tav. 49 u. 53.
3) De Rossi R. S. Bd. I S. 108.

gegnet uns in späterer Zeit nie. Noch weitere Kennzeichen für das hohe Alter dieser neuen Ausgrabung müssen wir hier übergehen,[1] bemerken nur noch: Nach Marc Aurel (161—180) ist nach den sicheren Angaben der Ziegelstempel in diesem Gange und den anstossenden Räumlichkeiten nicht mehr begraben worden, wohl aber meist viel früher. De Rossi steht nicht an, die Erbauung sowie die Malereien dieses neu eröffneten Theiles des coem. Dom. in die Zeit der Domitilla selbst zu setzen d. h. in das Ende des 1. Jahrhunderts.

Es wird manchen Leser eine solche Zeitbestimmung vorerst überaus befremden. Es erscheint uns völlig unglaublich, dass wir christliche Gemälde aus der Zeit der unmittelbaren Schüler der Apostel besitzen sollten. Es war schon ein grosser Schritt, dass man sich entschloss, eine nicht unbedeutende Zahl christlicher Bildwerke in die vorconstantinische Zeit überhaupt zu versetzen, in der man sonst noch nicht eigentlich von christlicher Kunst zu reden wagte. Es ist nun im Allgemeinen nicht möglich, einen haarscharfen Beweis für die genauere Entstehungszeit von Gemälden der Katakomben zu liefern. Wer die alten Monumente, heidnische wie christliche, nicht selbst gesehen und verglichen, ja wer sich nicht völlig in sie hineingelebt hat, muss nothgedrungen sich einiger Maassen vor Solchen als Auctoritäten beugen, die in Rom täglich die alten Denkmäler von Jugend auf vor Augen hatten, besonders aber einem de Rossi, dessen aus (im Allgemeinen) vorurtheilsfreier Forschung gewonnenen Resultate wohl verdienen in solchen Fällen, wo eine Controle so gut wie unmöglich ist, vertrauensvoll acceptirt zu werden. Will man durchaus nichts von Gemälden aus dem 1. Jahrhundert wissen, so wird man wenigstens ohne unwissenschaftlich zu sein, nicht anstehen dürfen, die Gemälde dieses neu entdeckten Theiles des coem. Domitillae, wie andere derselben Katakombe, in die erste Hälfte des zweiten Jahrhunderts zu setzen.

---

[1] Ausführlichen Bericht über die ganze Entdeckung giebt de Rossi in seinem *Bull. di arch. cr.* März, Mai, Juni 1865. In letzterer Nummer theilt er auch schon vorläufig einige Bilder aus diesem Raume mit, die er in Farbendruck dem 3. Bde. seiner R. S. vorbehält.

Das bisher Mitgetheilte war dem Verfasser von de Rossi gezeigt und erläutert worden, als derselbe ihn am 10. März 1865 zum ersten Male in Begleitung des Grafen Richemont in die neue, auf Kosten des eben genannten Herren unternommene Ausgrabung führte. Ganz unvermuthet hatten wir die Freude, mit einer neuen Entdeckung von den Arbeitern überrascht zu werden. Sie theilten de Rossi mit, am Ende des (von uns besprochenen) Ganges, auf der Wand des ihn kreuzenden, sei heute bei Wegräumung der Erde ein Gemälde blossgelegt worden. Es ist das von uns umstehend in treuster Copie mitgetheilte. Und damit haben wir den Leser mitten in unsere Untersuchungen über die Darstellung Christi unter dem Bilde des Fisches hineingeführt, indem wir ihn vor das älteste hierher gehörige Denkmal selbst stellten. Suchen wir nun dasselbe, zunächst noch unbekümmert um den tieferen Sinn des Fisches, zu verstehen.

Auf einem Ruhebette sitzen zwei Personen — zwei Männer nach de Rossi. Vor ihnen steht der uns auf antiken Darstellungen so unendlich häufig begegnende Dreifusstisch des täglichen römischen Lebens mit drei Broden und einem Fische. Ein Diener scheint noch etwas zum Mahle herbeizuschaffen, vielleicht Wein, diesen nach südlichem Brauche selbstverständlichen Bestandtheil jeder Mahlzeit. Man wird sofort vermuthen, dass die dargestellten Personen wohl unweit des Gemäldes Begrabene sind, die vielleicht schon bei Lebzeiten sich den Ort ihrer Beisetzung anordneten. Was soll jedoch das Mahl bedeuten? Nahe liegt die Erklärung von dem himmlischen Freudenmahl der Kinder Gottes. Allein sofort drängt sich die Bemerkung auf, dass die Scene einen durchaus irdischen Eindruck macht. Wir meinen ein Familienbild vor uns zu sehen. Damit werden wir wohl auch das Rechte getroffen zu haben. Hören wir Goethe's Bemerkung über die Darstellungen auf den Grabdenkmälern der römischen Zeit (*Ital. Reise*, herausgegeben von Schuchardt Bd. 1, S. 87):

„Die Grabmäler sind herzlich und rührend und stellen immer das Leben her. Da ist ein Mann, der neben seiner Frau aus einer Nische wie zu einem Fenster heraussieht. Da stehen Vater und Mutter, den Sohn in der Mitte, mit unaussprechlicher Natürlichkeit anblickend. Hier reicht sich ein Paar die Hände. Hier scheint ein Vater, auf seinem Sopha ruhend, von der Familie

unterhalten zu werden. Mir ist die unmittelbare Gegenwart dieser Steine höchst rührend. Von späterer Kunst sind sie, aber einfach, natürlich und allgemein ansprechend. Hier ist kein geharnischter Mann auf den Knieen, der eine fröhliche Auferstehung erwartet. Der Künstler hat mit mehr oder weniger Geschick nur die einfache Gegenwart der Menschen hingestellt, ihre Existenz dadurch fortgesetzt und bleibend gemacht. Sie falten nicht die Hände, schauen nicht in den Himmel, sondern sie sind hienieden, was sie waren und was sie sind. Sie stehen beisammen, nehmen Antheil aneinander, lieben sich, und das ist in den Steinen, sogar mit einer gewissen Handwerksunfähigkeit, allerliebst ausgedrückt."

Damit stimmt die neuere Archäologie überein. So sieht z. B. Welcker auf solchen Grabmonumenten „die heiterste Scene des täglichen Lebens, die ruhige Mahlzeit des ausgestreckten Familienvaters und seiner Hausfrau mit oder ohne Kinder und Dienerschaft" dargestellt. Bei der ungemein grossen Verwandtschaft der christlichen Monumente der ältesten Zeit mit den heidnischen werden wir eine gleiche Erklärung bei unserem Gemälde versuchen müssen. So gewinnen wir das Resultat: **der Künstler wollte zwei Verstorbene in ihrem täglichen Leben darstellen.**

Ein Mahl haben wir vor uns. Der Fisch deutet häufig an eine luxuriöse Mahlzeit.[1]) Unmöglich kann diese Erklärung uns befriedigen. Eine Schmauserei reicher Feinschmecker! — an einem alt-christlichen Grabe!

Es ist aber eine so einstimmig in den Schriften der Väter bezeugte Thatsache, das Bild des Fisches auf den christlichen Monumenten bedeute „Jesum Christum Gottes Sohn (den) Heiland", dass wir auch schon bei dem uns vorliegenden Gemälde des höchsten christlichen Alterthums versuchen müssen, diese Erklärung zur Geltung zu bringen. Wir lassen dann diese ältesten Schriftzeugnisse für das Symbol des Fisches sowie Einiges über seine Entstehung sofort folgen.

Soll uns durch die Darstellung des Fisches auf dem häuslichen Dreifusstische unseres Gemäldes Jesus Christus vorstellig gemacht werden, so liegt die eucharistische Beziehung auf der

---

1) Garrucci, *Vetri.* 2ª. ediz. S. 53. Die ὀψοφάγοι, Fischesser, sind *ampliore sensu homines delicatiores cupediarumque studiosores* (Preller ad Polem. 109). Plutarch bemerkt (Symp. IV, 4, 2): Πολλῶν ὄντων ὄψων, ἐκενίκησεν ὁ ἰχθύς, μόνον ἢ μάλιστά γε ὄψον καλεῖσθαι διὰ τὸ πολὺ πάντων ἀρετῇ κρατεῖν.

Hand. Hatten wir zuvor das Resultat gewonnen: Der Künstler wollte zwei Verstorbene in ihrem täglichen Leben darstellen, so müssen wir jetzt hinzufügen: wie ihnen ihr häusliches Mahl zum eucharistischen, zum Herrenmahle wird[1]) oder (nimmt man hieran Anstoss): wie sie im häuslichen Kreise die coena Domini als Familienmahl feiern — κλῶντες κατ' οἶκον ἄρτον. act. 2, 46 — dass ihnen ihr Haustisch zum Tische des Herrn wird, der Hausherr von seinem priesterlichen Rechte Gebrauch macht. Dass dies ein lebendiges, wirklich aus dem Leben der Christen apostolischer Zeit (und wohl auch noch der Apostelschüler) gegriffenes Bild sei, wird selbst der im äusseren Kirchenthum befangenste Theologe kaum in Abrede stellen können. Aeusserte sich mir gegenüber doch in ähnlicher Weise selbst de Rossi und schreibt derselbe in seinem *Bull. di arch. cr.* Juni 1865,[2]) der Tisch auf diesem Gemälde dürfe nicht anders erklärt werden, als die ähnlichen — wir werden sie später genauer kennen lernen — im coem. Callisti. Diese aber sind ihm ohne Weiteres „Tische des Herrn". Tritt da jedoch (auf einem Bilde wenigstens) kirchlicher Charakter einiger Maassen hervor, so macht die von uns eben besprochene Darstellung auf Jeden unläugbar den Eindruck, dass uns eine Familienscene vorliegt. Diese aber

---

1) So formulirt sprach diesen Gedanken mir gegenüber zuerst Weizsäcker aus.

2) „Le pitture del cemetero di Callisto ci mostrano due volte il pane ed il pesce collocato sopra un tripode, come nell' affresco ora scoperto; ... talchè niuno dubita essere quel tripode la mensa dell' eucaristia, da s. Paolo chiamata *mensa del Signore*. Or poichè i rapporti tra le pitture cemeteriali fino ad oggi a noi note con quelle, che ora scopriamo nell' antichissimo ipogeo di Domitilla, sono manifesti; il tripode col pesce e col pane, simbolo sacro e solenne nella primitiva arte cristiana, non dee essere nel cemetero di Domitilla interpretato in senso diverso da quello, che spicca sì limpido e chiaro ne' monumenti degli altri cemeteri e segnetamente in quelli oggimai divenuti famosi della grande necropoli di Callisto." Sehr inconsequent erklärt sich jedoch de Rossi später dahin, wir hätten auf dem vorliegenden Bilde eine der Darstellungen des himmlischen Mahles vor uns, bei denen die Speisen wie Zahl der Personen das Zufällige und Wechselnde sei, der Gedanke an die Freude des Gastmahls vorherrsche, freilich nicht ohne Erinnerung und Symbol der himmlischen Speise, die zu solcher Seligkeit und zur Auferstehung die an Christum Gläubigen vorbereitet.

als Feier des Brodbrechens ist für das Grab besonders geeignet als Zeugniss für die Hoffnung des ewigen Lebens auf Grund von Joh. 6, 58: „Wer dieses Brod isset, der wird leben in Ewigkeit."

Dass der Fisch den alten Christen als symbolische Bezeichnung ihres Meisters diente, erwähnen die Väter vor dem vierten Jahrhundert nur in dunklen Räthselworten. Dagegen wird uns dieses Symbol in den Schriften aus dem Ende des vierten und Anfange des fünften Jahrhunderts auf das Klarste erläutert. So sagt im Ausgange des vierten Jahrhunderts der Bischof Optatus von Mileve in s. Schrift *De schismate Donatistarum* lib. III, c. 2: *Piscis nomen secundum appellationem graecam in uno nomine per singulas litteras turbam sanctorum nominum continet,* ΙΧΘΥΣ, *quod est latinum Jesus Christus Dei Filius Salvator.* Er will also jeden Buchstaben des Wortes ΙΧΘΥΣ als Anfangsbuchstabe eines besonderen Wortes gelesen wissen, so dass wir die griechische Formel erhalten:

Ἰησοῦς Χριστὸς Θεοῦ Υἱὸς Σωτήρ.

Jesus Christus Gottes Sohn (der) Heiland.

So erklärt einige Jahrzehnte später Augustinus (de civit. Dei lib. XVIII, c. 23): *Horum autem graecorum quinque verborum, quae sunt* Ἰησοῦς Χριστὸς Θεοῦ Υἱὸς Σωτήρ *(quod est latine Jesus Christus Dei Filius Salvator), si primas litteras jungas, erit ἰχθύς id est piscis, in quo nomine mystice intelligitur Christus.* In gleicher Weise spricht sich auf das Deutlichste Maximus von Turin (oder wer sonst Verfasser der uns nur noch fragmentarisch erhaltenen Schrift *tractatus IV contra paganos* sein mag), aus.[1]) Eine Erklärung des geheimen Sin-

---

1) *Iste Jesus Christus ...... in principio erat Verbum apud Deum ... a Sibylla* ΙΧΘΥΣ *graeco nomine, quod significat piscis, operatus est eo quod mundi vel saeculi hujus mare ingressurus esset. Nam et litterarum ipsarum graecarum considera ingens mysterium* ΙΧΘΥΣ. I *iota hoc est Jesus,* X *chi id est* Xp̄ros *(sic),* Θ *theta Theu,* Υ *Yios,* Σ *sigma Soter: quod latine explanatur Jesus Christus Dei Filius Salvator* (Opp. S. Maximi, Rom 1784, S. 730).

nes von piscis, ἰχθύς, giebt uns ferner der Vf. der in die erste Hälfte des fünften Jahrhunderts gehörigen Schrift *de promissionibus et praed. Dei*, Pars II, c. 39.[1]) Ohne Deutung ist dunkel — zumal in der nur noch vorhandenen lat. Uebersetzung — die Aeusserung des Severianus von Gabala in Spanien (in der 2. Hälfte des 4. Jahrh.): *Si Christus non esset piscis nunquam a mortuis surrexisset.* Die in der Bezeichnung Christi als ἰχθύς ausgedrückte Gottessohnschaft stellt Severianus als Grund seiner Auferstehung hin. In etwa gleicher Zeit sagt Paulinus (ep. XIII ad Pammach., § 11): *Panis ipse verus et aquae vivae piscis Christus.*

In den Schriften der vorconstantinischen Zeit wird uns nirgend mehr eine Erklärung über den vollen Inhalt des Wortes ΙΧΘΥΣ gegeben, Christus nur einfach mit diesem Namen bezeichnet. So sagt Origenes (in Matth. t. III, S. 584 ed BB): „Χριστὸς ὁ τροπικῶς λεγόμενος ἰχθύς". Des ἰχθύς Bedeutung setzt sein Lehrer Clemens Alexandrinus als bekannt voraus, wenn er räth: „Unsere Siegelringe mögen eine Taube darstellen oder einen Fisch oder ein mit günstigem Winde segelndes Schiff u. s. f."[2]) Für den Uneingeweihten völlig räthselhaft sagt Tertullian (de baptismo c. 1): *Nos pisciculi secundum ἰχθὺν nostrum Jesum Christum in aqua nascimur nec aliter quam in aqua permanendo salvi sumus.*

Lassen wir den Erweis der Bezeichnung Christi als Fisch in der alten Kirche aus den Schriften der Väter hiermit vorläufig abgethan sein. „Die Beweisgründe hierfür", bemerkt de Rossi, „können zwar vermehrt werden, aber nicht ebenso die Gewissheit, die schon im höchsten Grade vorhanden ist." Wer noch mehr verlangt, findet sie von Pitra im 3. Bande seines

---

1) *His igitur (Maria) possessa ... piscis nostri liberatur medicina ... Qui tributum pro se et pro Petro et caecato lumen reddidit Paulo, satians ex se ipso in littore discipulos et toti se offerens mundo ἰχθύν. Namque latine piscem sacris litteris majores nostri hoc interpretati sunt, ex Sibyllinis versibus colligentes, quod est Jesus Christus Filius Dei Salvator, piscis in sua passione decoctus, cujus ex interioribus remediis quotidie illuminamur et pascimur* (Opp. Prosp. Aquitani, Paris, 1711, S. 167).

2) Paed. lib. III, c. 11: Αἱ δὲ σφραγῖδες ἡμῖν ἔστων πελειὰς ἢ ἰχθὺς ἢ ναῦς οὐριοδρομοῦσα κ. τ. λ.

Spicilegium Solesmense in dem Artikel ΙΧΘΥΣ *sive de pisce allegorico et symbolico* fast überreichlich zusammengestellt.

Ἰχθύς, Fisch, wird Christus von der alten Kirche genannt. Dass die Christen selbst Fische, Fischlein (Tert. a. a. O.), heissen, darf uns nicht wundern. Dazu gab die h. Schrift an mehr als einem Orte Anlass. Jerem. 16, 16 verhiess der Herr den in alle Länder zerstreuten Kindern Israel: „Siehe, ich will viele Fischer aussenden, die sollen sie fischen." Als der ihnen verordnete Messias Fischer zu Jüngern und Sendboten erwählte, sprach er zu ihnen (Mat. 4, 19. Vgl. auch Marc. 1, 17. Luc. 5, 10.): „Folget mir nach; ich will euch zu Menschenfischern machen." Derselbe vergleicht (Mat. 13, 47 und 48) „das Himmelreich mit einem Netze, das ins Meer geworfen ist, damit man allerlei Gattung (Fische) fänget. Wenn es aber voll ist, so ziehen sie es heraus an das Ufer, sitzen und lesen die guten in ein Gefäss zusammen, aber die faulen werfen sie weg." So begreifen wir auch wohl, dass nicht bloss die Apostel, sondern auch Christus selbst von der alten Kirche als Fischer dargestellt wird,[1]) verstehen allenfalls auch, wie er *rete*, das „Netz", heisst, darin man die Fische fängt,[2]) aber in keiner Weise, wie er Fisch genannt werden konnte.

Am nächsten scheint zu liegen, dass man etwas der menschlichen Natur und den Werken Christi Analoges beim Fische

---

1) Vgl. z. B. Basilius Seleuciensis in seinem λόγος über Mat 4, 19 und c. 11, 28. Gregor von Nazianz, orat. XXXI: „Christus wird ein Fischer, damit er aus der Tiefe den Fisch heraufbringe, den Menschen, der in den unstäten und salzigen Wogen des Lebens umherschwimmt."

Clemens von Alexandrien nennt in seinem Hymnus auf Christus, den Erlöser, (am Schlusse des *paed.*) denselben:

‚Ἁλιεῦ μερόπων	„Fischer der Sterblichen
τῶν σωζομένων,	Der Erben des Heils,
πελάγους κακίας	Der du aus feindlicher Fluth,
ἰχθῦς ἁγνοὺς	In der Bosheit Meer
κύματος ἐχθροῦ	Mit süssem Leben
γλυκερᾷ ζωῇ δελεάζων."	Die reinen Fische fängst."

2) So bei Damasus (carm. VI) Ennodius (carm. lib I, c. 9) Silvius (im Cod. Vat. 553 fol. 126) Orientius (Martène, *Thes. nov. anecdot.* t. V, col. 40). Der von Letzterem hinzugefügte Erklärungsvers macht jeden weiteren eigenen Commentar zu dieser Bezeichnung Christi überflüssig:

Retia cur? Sparsas quod colligat undique gentes.

fand und danach Christum selbst Fisch nannte. Bald genug aber könnte man sich überzeugen, wie unhaltbar solche Annahme wäre. Hören wir z. B. Augustinus *de civ. Dei* lib. 18, c. 23 sagen: *In quo (piscis) nomine mystice intelligitur Christus, eo quod in hujus mortalitatis abysso velut in aquarum profunditate vivus hoc est sine peccato esse potuerit*, so liegt auf der Hand, dass Augustinus erst nachträglich eine Aehnlichkeit zwischen dem natürlichen und allegorischen Fische aufsucht.

Hören wir weiter die Väter, so scheint zunächst der schon erwähnte Optatus von Mileve uns auf die rechte Spur leiten zu können. Er bringt Christus den Fisch mit jenem Wunderfische des Tobias in Verbindung, durch dessen Eingeweide der Engel Raphael den Dämon Asmodi bannte und die Blindheit des Tobias heilte. Er spricht (de schismate Donat. lib III, c. 1) von den Vorgängen, von denen die Donatisten zu leiden hatten und fährt dann (c. 2) fort: *Et tamen horum omnium nihil actum est cum voto nostro* (der Katholiker), *nihil cum consilio, nihil cum conscientia, nihil cum opere, sed gesta sunt omnia in dolore Dei amare plorantis et in ultionem aquae* (der katholischen, als solche von den Donatisten verachteteten, Taufe), *quam contra interdictum iterum movistis, traducentes ad vos aquam antiquae piscinae; sed nescio an cum illo pisce, qui Christus intelligtur, qui in lectione Patriarchae Tobiae legitur in Tigride flumine prehensus, cujus fel et jecur tulit Tobias ad tutelam feminae Sarae et ad illuminationem Tobiae non videntis. Ejusdem piscis visceribus Asmodaeus daemon a Sara puella fugatus est (quae intelligitur ecclesia) et caecitas a Tobia exclusa est. Hic est piscis, qui in baptismate per invocationem fontalibus undis inseritur, ut quae aqua fuerat, a pisce etiam piscina vocitetur.* Weiter folgt dann die schon S. 9 mitgetheilte Erklärung des griechischen Wortes ἰχθύς. Die gleiche Beziehung der symbolischen Bezeichnung Christi als Fisch auf den im apocryphischen Buche Tobias erwähnten Wunderfisch findet sich auch in der schon erwähnten Schrift *de prom. et praedict. Dei* (pars. II, c. 39), bei Augustin *(Sermo IV de S. S. Petro et Paulo)* und auch sonst. All' diese Gewährsmänner gehören aber einer zu späten Zeit (Ende des 4. u. Anfang des 5. Jahrhunderts) an, um uns ein ohne Weiteres glaubhaftes Zeugniss für den Ursprung unseres Symbols ablegen zu können (falls sie das überhaupt mit ihren Aeusserungen beabsichtigten) — und nun gar, wenn sie uns eine só überaus unbefriedigende, den schon und grade in der ältesten Zeit allgemein verbreiteten Gebrauch der Darstellung Christi unter dem Bilde des Fisches in keiner Weise beleuchtende und begründende Erklärung bieten! Man erkennt sofort, dass sie erst nachträglich einen Zusammenhang zwischen Christo dem Fische und dem im apocr. Buche Tobiae herstellen.

Wollten wir uns weiter auf das unerquickliche Gebiet Thalmudischer Fabeln und Anschauungen,[1]) späterer Gebräuche der Juden[2]) begeben oder gar die Grenzen der antiken heidnischen Welt betreten und dort uns nach der symbolischen Bedeutung des Fisches umsehen, etwa bei dem hochgepriesenen Freund der Menschen, dem Delphine, dem Retter der Schiffbrüchigen, verweilen — wir fänden Dies und Jenes, bes. auf dem Gebiete griechischer Sage und Anschauung des poetisch Ansprechenden vielleicht nicht wenig, müssten aber in Bezug auf unseren Zweck, Anknüpfungspunkte für das christliche Symbol des Fisches zu finden, schliesslich mit Pitra auf unsere Untersuchung das Wort anwenden, mit dem er seine überaus ausgedehnte Abhandlung über den allegorischen und symbolischen Gebrauch des Fisches bei den Assyrern und älteren Orientalen, Aegyptern, Indogermanen, Griechen und Römern zum Abschluss bringt (*Spicil. Solesm.* Bd. III, S. 519): „Wir haben die ganze Nacht gearbeitet und nichts gefangen".

Die Bedeutung des Wortes ΙΧΘΥΣ: „Jesus Christus Gottes Sohn (der) Heiland" ist uns aus den patristischen Schriften vollständigst gesichert. Wir hören gar nicht von irgend einer

---

1) So ist z. B. den Thalmudisten auf Grund von Micha 7, 19 der Fisch das Symbol der Unschuld. Vgl. Buxtorf, *Synag. Jud.* c. 24. Der Messias wird auch wohl selbst דג genannt. Ein Zusammentreffen der Planeten Jupiter und Saturn in der Constellation der Fische sollte seine Geburt verkündigen. Vgl. Münter, *Sinnbilder* S. 49.

2) Am Jüdischen Neujahr, den man für den künftigen Gerichtstag hielt, begaben sich (und begeben sich einzelne orthodoxe wohl bis heute) die Juden an ein fischreiches Wasser. Erblickten sie dort Fische, so hielten sie ihre Sünden für gesühnt.

anderen Erklärung. Die Formel selbst begegnet uns zum ersten Male im 8. Buche der Sibyllinischen Weissagungen v. 217, ohne dass wir deshalb genöthigt wären, dem nach Friedlieb am Ende des 2. oder zu Anfang des 3. Jahrhunderts lebenden Verfasser dieses Stückes der Weissagung die Erfindung dieses christlichen Bekenntnisswortes zuzuschreiben.[1]) Vielmehr wird sich aus mehreren Gründen die Annahme empfehlen, dass der christliche Dichter die Glaubensformel aus dem Gebrauche der Gemeinde herübernahm. Zunächst schon scheint mir hierfür das von der übrigen sibyllinischen Weissagung, die in Hexametern abgefasst ist, abweichende Metrum dieses Verses zu sprechen. Sodann ist es in keiner Weise zweifelhaft, dass das von uns besprochene Denkmal mit der Darstellung des Fisches aus dem coem. Domitillae mindestens der ersten Hälfte des 2. Jahrhunderts angehört, diese Formel also schon voraussetzt. Endlich erscheint dieselbe in der sibyllinischen Weissagung erweitert durch ein hinzugefügtes σταυρός.

Wie sich nun aber auch die Sache verhalten mag, jedenfalls enthält, ob originell, ob in Herübernahme v. 217 des 8. Buches der Sibyll. Weiss. das schöne christliche Glaubensbekenntniss:

ΙΗΣΟΥΣ ΧΡΕΙΣΤΟΣ ΘΕΟΥ ΥΙΟΣ ΣΩΤΗΡ

wie man ein anderes treffender und kürzer schwerlich aufzustellen vermöchte. In den darauf folgenden den *Dies irae, dies illa* schildernden Versen wird dasselbe acrostichisch verwendet. Die betreffende Stelle lautet also[1]):

---

1) So urtheilte de Rossi schon vor Entdeckung der ältesten symbolischen Darstellung Christi unter dem Bilde des ἰχθύς, von der wir in diesem Abschnitte berichteten. Unmittelbar nach derselben äusserte er zu mir: „Wie steht es nun mit dem Sibyll. Acrostich?" Vgl. auch in R. S. S. 351. Wenn auch in den S. 9 u. 10, Anm. citirten Stellen der Schriften *Tractatus IV contra paganos* und *De prom. et praed. Dei* II, 39 der Gebrauch des Ἰχθύς auf die Sibyll. Verse zurückgeführt wird, so fragt es sich doch sehr, ob die uns unbekannten Verfasser überhaupt im Stande waren, hierüber ein glaubhaftes hist. Zeugniss abzulegen. Wir bezweifeln es.

2) *Oracula Sibyllina* ed. Alexandre. vol. I S. 272, mit metrischer Uebersetzung in der Ausgabe von Friedlieb S. 150. In lat. Uebersetzung

ΙΗΣΟΥΣ. ΧΡΕΙΣΤΟΣ. ΘΕΟΥ. ΥΙΟΣ. ΣΩΤΗΡ. ΣΤΑΥΡΟΣ.
Jesus, Christus, Gottes Sohn, Erlöser, Kreuz.
Ἱδρώσει δὲ χθὼν, κρίσεως σημεῖον δτ' ἔσται.
Aber der Erde wird Schweiss entrinnen beim Zeichen des
Richttags.
Ἥξει δ' οὐρανόθεν βασιλεὺς αἰῶσιν ὁ μέλλων,
Und vom Himmel herab wird kommen der ewige König,
Σάρκα παρὼν πᾶσαν κρῖναι καὶ κόσμον ἅπαντα.
Jegliches Fleisch vor sich und die Welt, die gesammte, zu
richten.
Ὄψονται δὲ Θεὸν μέροπες πιστοὶ καὶ ἄπιστοι
Gott aber werden dann schau'n die Gläubigen und die ungläubig,
Ὕψιστον μετὰ τῶν ἁγίων ἐπὶ τέρμα χρόνοιο.
Hoch in der Höh' am Ende der Zeit von den Heil'gen umgeben.
Σαρκοφόρων δ' ἀνδρῶν ψυχὰς ἐπὶ βήματι κρίνει,
Und auf dem Richtstuhle richtet die Seelen der leiblichen
Menschen
Χέρσος ὅταν ποτὲ κόσμος ὅλος καὶ ἄκανθα γένηται.
Er, wann einst ist unfruchtbar die Welt ganz und Dornen
aufwachsen.
Ῥίψουσι δ' εἴδωλα βροτοὶ καὶ πλοῦτον ἅπαντα.
Und man wirft die Götzen hinweg und jeglichen Reichthum.
Ἐκκαύσει δὲ τὸ πῦρ γῆν, οὐρανὸν, ἠδὲ θάλασσαν
Aber das spähende Feu'r wird die Erde, den Himmel, die
Meerfluth
Ἰχνεῦον· φλέξει δὲ πύλας εἱρκτῆς ἀίδαο.
Gänzlich verbrennen und auch die Thore des schliessenden Hades.
Σάρξ τότε πᾶσα νεκρῶν ἐπ' ἐλευθέριον φάος ἥξει·
Dann kömmt jegliches Fleisch der Todten zum Lichte der Freiheit,
Τῶν ἁγίων· ἀνόμους δὲ τὸ πῦρ αἰῶσιν ἐλέγξει.
Derer die heilig; doch Feu'r wird auf ewig die Bösen bestrafen.
Ὁππόσα τις πράξας ἔλαθεν, τότε πάντα λαλήσει.
Was Einer heimlich gethan, das wird er dann Alles erzählen;

---

citirt Augustinus diese Verse (doch nur die streng unsere Formel betreffenden) *de civit Dei* lib. 18, c. 23. Vollständig im Grundtexte giebt sie Eusebius in der *oratio Constantini ad coetum SS.* Hiernach wurden sie in der alt-Gallischen Kirche in der Weihnachtsvigilie gesungen.

Στήθεα γὰρ ζοφόεντα Θεὸς φωστῆρσιν ἀνοίξει.
Denn die dunkele Brust wird Gott dem Lichte aufschliessen
Θρῆνος δ' ἐκ πάντων ἥξει, καὶ βρυγμὸς ὀδόντων.
Und von Allen ausgehn wird Weinen und Klappern der Zähne.
Ἐκλείψει σέλας ἠελίου, ἄστρων τε χορεῖαι.
Bleichen werden der Glanz der Sonn' und die Reigen der
Sterne.
Οὐρανὸν εἱλίξει· μήνης δέ τε φέγγος ὀλεῖται.
Drehen wird er den Himmel; der Glanz des Mondes verschwindet.
Ὑψώσει δὲ φάραγγας, ὀλεῖ δ' ὑψώματα βουνῶν·
Thäler wird er erhöhn und die Höhen der Hügel wegnehmen;
Ὕψος δ' οὐκέτι λυγρὸν ἐν ἀνθρώποισι φανεῖται.
Und unter Menschen wird nicht mehr die Höhe verderblich sich
zeigen.
Ἰσά τ' ὄρη πεδίοις ἔσται· καὶ πᾶσα θάλασσα
Und das Gebirge wird gleich der Ebne, und jegliches Meer wird
Οὐκέτι πλοῦν ἕξει. Γῆ γὰρ φρυχθεῖσα κεραυνῷ
Schifffahrt besitzen nicht mehr; denn vom Blitz ist entzündet die
Erde
Σὺν πηγαῖς· ποταμοὶ δὲ καχλάζοντες λείψουσιν.
Sammt den Quellen, und auch die rauschenden Ströme versiegen.
Σάλπιγξ δ' οὐρανόθεν φωνὴν πολύθρηνον ἀφήσει,
Aber vom Himmel herab tönt kläglichen Laut die Trompete,
Ὠρύουσα μύσος μέλλον καὶ πήματα κόσμου.
Werdende ruchlose That und der Welt ihre Leiden bejammernd.
Ταρτάρεον δὲ χάος τότε δείξει γαῖα χανοῦσα.
Und die klaffende Erd' aufweist dann tartarisches Chaos.
Ἥξουσι δ' ἐπὶ βῆμα Θεοῦ βασιλῆες ἅπαντες.
Aber zu Gottes Richtstuhl werden kommen die Könige alle.
Ῥεύσει δ' οὐρανόθεν ποταμὸς πυρός, ἠδέ τε θείου.
Und ein Strom von Feu'r und Schwefel wird fliessen vom
Himmel.
Σῆμα δέ τοι τότε πᾶσι βροτοῖς σφρηγὶς ἐπίσημος,
Aber ein Zeichen wird dann für Alle, ein kenntliches Siegel,
Τὸ ξύλον ἐν πιστοῖς, τὸ κέρας τὸ ποθούμενον ἔσται,
Für die Gläub'gen das Holz sein, das Horn, nach dem man
begehret,

Ἀνδρῶν εὐσεβέων ζωὴ, πρόσκομμα δὲ κόσμου,
Welches das Leben gewährt den Frommen, der Welt aber Anstoss,
Ὕδασι φωτίζον κλητοὺς ἐν δώδεκα πηγαῖς·
Das die Berufnen mit Wasser durch zwölffache Quellen
erleuchtet.
Ῥάβδος ποιμαίνουσα σιδηρείη τε κρατήσει.
Und der eiserne Stab des Hirten wird alsdann regieren.
Οὗτος ὁ νῦν προγραφεὶς ἐν ἀκροστιχίοις Θεὸς ἡμῶν,
Das ist der uns'rige Gott, beschrieben jetzt in Akrostischen,
Σωτὴρ ἀθάνατος βασιλεὺς, ὁ παθὼν ἕνεχ' ἡμῶν.
Der Erlöser und König, unsterblich, der für uns gelitten.

Ein christliches Loosungswort, ein Symbolon in diesem Sinne, liegt uns in dem Bekenntniss Ἰησοῦς Χριστὸς Θεοῦ Υἱὸς Σωτήρ vor. Wie nun das Alterthum, besonders der Orient, es liebte, aus den Anfangsbuchstaben einzelner Worte einen Namen oder überhaupt ein Wort zusammenzustellen, so geschah es zunächst auch wohl aus Wohlgefallen an solchem Buchstabenspiel, wenn man die obige Bekenntnissformel in ΙΧΘΥΣ zusammenzog, in diesem Anagramme dann aber ein treffliches Symbol anderer Art, ein leicht darstellbares christliches Erkennungs-, Unterscheidungs- und Legitimationszeichen besass.

Lässt sich nun hiernach bei der Entstehung unseres Symboles ΙΧΘΥΣ eine gewisse, uns fremde, Buchstabenspielerei nicht wegleugnen, so hatte doch der nachfolgende Gebrauch seine tief ernste Seite. In heidnischer Umgebung konnte man mit Leichtigkeit den christlichen Bruder herausfinden durch ein Zeichen, das äusserlich so unverfänglich war, wie nur möglich und doch dem Eingeweihten sofort den tiefsten Gehalt des christlichen Glaubens, das Bekenntniss zu Christo, dem Gottessohne und Erlöser, vor Augen stellte. In jenen Zeiten, wo Christum in seiner schönsten Gestalt — sein irdisches Liebesleben beschliessend und besiegelnd am Kreuze — darzustellen, der übermächtige heidnische Hohn verhinderte, der aber seinerseits Zerrbilder des Christengottes anzufertigen nicht unterliess, wie folgendes, im Jahre 1857 in den Ruinen der Kaiserpaläste zu Rom gefundene,[1])

konnte man in anderen Symbolen zwar Christum nach mancher Seite seiner menschlichen Natur darstellen (im Orpheus z. B. als den, der durch die Macht seines Wortes Alle fesselte, in dem guten Hirten als den treuen Menschenhüter, der sein Leben für die Schafe lässt), im Fische allein aber als den von der Gemeinde als Sohn Gottes und Messias bekannten. Aber noch mehr, als dieses Bekenntniss allein, vermochte der Fisch auszu-

---

[1]) Vgl. hierüber meine Schrift *Das Spottcrucifix der römischen Kaiserpaläste aus dem Anfange des dritten Jahrhunderts*. Breslau. 1866.

drücken. Verband man ihn mit anderen Darstellungen, wie z. B. auf dem von uns zuerst besprochenen Bilde, so fanden noch weitere Artikel des christlichen Glaubens, besonders in Bezug auf die eucharistische Speise und das ewige Leben, ihren Ausdruck.

Ein Geheimsymbol ist der Fisch. Durch diesen Character verliert er wesentlich seine Bedeutung, als die Kirche die heidnische Welt allmälig überwunden hatte, konnte da nur noch als Erinnerung an vergangene Zeiten vereinzelt auftreten. So kommt denn auch thatsächlich, in Rom wenigstens, der Fisch in der Mitte des 4. Jahrhunderts so ziemlich ausser Brauch. Dies werden uns in den folgenden Abschnitten die Monumente im Einzelnen bestätigen.

Zweiter Abschnitt.

Der Fisch auf den Grabdenkmälern: als das Anagramm ΙΧΘΤΣ, als Darstellung eines einzelnen Fisches, in seltner vorkommenden Verbindungen mit anderen Symbolen.

Bevor wir uns specieller mit den Inschriften beschäftigen, auf denen wir das von uns zu erläuternde Symbol dargestellt finden — sie gehören sämmtlich Grabmonumenten an — müssen wir zunächst einige allgemeinere Bemerkungen über dieselben und zwar zunächst die aus Rom stammenden[1]) vorausschicken.[2])

Die christlichen Inschriften des Alterthums — de Rossi: *septimo saeculo antiquiores* — zerfallen in zwei Hauptklassen: Unter der Erde, in den Katakomben, sind die einen, die ältesten gefunden. Sie gehören den vier ersten Jahrhunderten an. In die nachfolgende Zeit sind die übrigen zu setzen. Sie befanden sich in christlichen Grabstätten über der Erde, besonders den Basiliken. Genau stellt sich das Verhältniss der unterirdischen Begräbnissweise zur Bestattung in und bei den Basiliken so, dass zur Zeit Constantin's die Katakomben noch ganz

---

1) In den Provinzen sind die Verhältnisse etwas anders. Der grösste Theil der ausserrömischen Monumente reicht kaum bis in's Ende des 4. Jahrhunderts. Was wir aber in Rom nur noch im 4. Jahrhundert finden, wird uns in den Provinzen, z. B. in Gallien, gewiss noch im 5., wenn nicht später begegnen.

2) Man vgl. zu dem Folgenden besonders die Ausführungen de Rossi's Cap. V seiner *Inscriptiones* Bd. I, dessen Aufsatz *De la détermination chron. des inscr. chrét.* in der *Revue archéologique* 1862, sowie S. 212 ff. des 1. Bdes seiner R. S.

im Gebrauche sind. In den Jahren 338—64 wurden noch $\frac{2}{3}$ in ihnen beerdigt. Von 364—69 vertheilen sich die Zahlen gleicher Weise auf beide Bestattungsarten. In den Katakomben wird wieder begraben im Jahre 370 u. 71 — wohl in Folge der Restauration der unterirdischen Cömeterien durch Damasus. In den Jahren 373—400 wird noch $\frac{1}{3}$ unterirdisch bestattet. Mit 410 hört diese Weise ganz auf.

Von den römischen Inschriften mit dem symbolischen ΙΧΘΥΣ gehört wahrscheinlich keine der zweiten Klasse an, ist also wohl keine aus dem fünften Jahrhundert. Ueber 500 altchristliche, sicherlich nicht für unterirdische Begräbnissstätten bestimmte, Inschriften kennt de Rossi, die sämmtlich zur *Basilica S. Paolo fuori le mura* bei Rom gehören. Auf keiner einzigen von diesen findet sich etwas vom ΙΧΘΥΣ. Ebenso verhält es sich mit den bei und in den übrigen ältesten Kirchen Rom's gefundenen Grabmonumenten.[1]

Die erste dieser Inschriftenklassen, deren späteste Grenze für Rom das Jahr 410 ist, zerfällt wiederum in zwei sehr wesentlich verschiedene Abtheilungen: in vorconstantinische und nachconstantinische Monumente. Die Grabschriften der vorconstantinischen Zeit enthalten selten eine durch das Consulat bestimmte Jahresangabe, die allerältesten (vor dem 3. Jahrhundert) pflegen nicht einmal das Lebensalter anzugeben, sondern begnügen sich meist mit dem Namen und einem einfachen christlichen Wunsche oder Zuruf: *In pace, vivas in Deo* u. s. f. Finden sich aber auch ausführlichere Grabschriften in dem Constantinischen Zeitalter, so sind sie doch von den grosssprecherischen, überschwenglichen Lobsprüchen aus späterer Zeit sehr leicht zu unterscheiden.

In der nachconstantinischen Zeit wird das Datiren überaus

---

[1] Nur scheinbar macht eine Ausnahme der nach Bosio R. S. S. 89 u. Aringhi R. S. I, S. 321 aus den Fundamenten der Basilica Vaticana ausgegrabene Sarcophag, dessen titulus wir im Nachfolgenden (n. 70) wiedergeben. Wahrscheinlich gehörte dieses durch seine Einfachheit sein hohes Alter verrathende Monument zum unterirdischen coemeterium des mons Vaticanus und wurde später in die Basilica des Constantin versetzt.

häufig. Fast die wenigsten Grabmonumente entbehren da der genauen Angabe, unter wessen Consulat die depositio, κατάθεσις (besonders im 4. und 5. Jahrhundert geläufige Ausdrücke) geschehen sei. Gehörte doch nun allmälig der Kirche diese Zeitlichkeit, darin sie sich je länger je mehr einbürgerte. Von den fast 1400 datirten christlichen Inschriften der nachconstantinischen Zeit (bis zum 7. Jahrhundert) hat nur eine einzige (vom Jahre 400) das Bild des Fisches. Dieses Monument (vgl. n. 46) ist jedoch so eigenthümlich, hat noch andere ungewöhnliche Symbole, dass es nur sich selbst ähnlich ist. Dagegen findet sich auf einer von den nur 30 datirten vorconstantinischen Inschriften — der vom J. 234 — die Darstellung unseres Symbols. Hiernach werden wir mit Recht schliessen, dass die meisten uns hier interessirenden Inschriften mit dem ΙΧΘΥΣ in die Zeit vor Constantin oder doch in das Constantinische Zeitalter selbst zu setzen sind.

Einen weiteren höchst wichtigen Bestimmungsgrund für das Zeitalter eines Monumentes bietet die Beschaffenheit seines Fundortes. Acht der von uns im Nachfolgenden speciell aufzuführenden Inschriften fand de Rossi noch an ihrem ursprünglichen Bestimmungsorte. Die ganze Umgebung d. h. Inhalt und Ausführung der in der Nähe befindlichen Inschriften und Malereien, die daselbst gefundenen (meist im Kalke befestigten) Münzen wies in die vorconstantinische Zeit.

In die Zeit, wo das Heidenthum noch die Herrschaft behauptete, weist auch wohl die heidnische Weihung **D. M.** (Dis Manibus), welche sich auf 5 unserer Inschriften mit ΙΧΘΥΣ wie auch sonst auf entschieden christlichen Denkmälern findet. Fast durchgängig tragen dieselbe z. B. die von Cavedoni herausgegebenen Inschriften zweier christlicher Cömeterien von Chiusi (*Ragguaglio storico archeologico di due antichi cimiteri cristiani della città di Chiusi*, Modena 1853). Zuweilen suchte man **D. M.** noch nachträglich zu vernichten — man beachte ausser vielen andern Denkmälern z. B. das von de Rossi, *Inscr.* I, n. 150 mitgetheilte. Die jetzt gangbare Ansicht über dieses auffallende Vorkommen des heidnischen **D. M.** auf christlichen

Inschriften ist die, dass man Grabsteine aus Magazinen schon behauen und mit **D. M.** versehen kaufte, man an diesem Zeichen weiter keinen Anstoss nahm, da das Verständniss desselben sich im allgemeinen Gebrauch fast verloren hatte.[1] Von der grossen Zahl datirter Inschriften nach Mitte des 4. Jahrhunderts hatte keine dieses **D. M.**

Auch in Bezug auf die Form der Buchstaben erweisen sich unsere ΙΧΘΥΣ-Monumente als alt. Meist ist die Schrift gut. Wenn sie aber auch sehr schlecht ist, so sind die Formen doch andere als auf den Monumenten am Ende des 4. und im 5. Jahrhundert. Orthographische Schnitzer, besonders Verwechslung von V und B, AI, AE mit E, grammatische Versehen ändern unser Urtheil über den vorwiegend vorconstantinischen Ursprung unserer Inschriften mit der symbolischen Darstellung Christi als ΙΧΘΥΣ in keiner Weise. Dergleichen kommt schon sehr früh vor.

So treten uns denn lauter Spuren des Alterthums bei den Grab-Monumenten mit dem Fische entgegen. Jedoch auf 11 Epitaphien (mit den offenbar in späte Zeit gehörenden aus Trier und Curubi 13) begegnet uns das Monogramm ☧ (die Verschlingung der beiden Anfangsbuchstaben von ΧΡιστος). Dieses Zeichen ist im Allgemeinen characteristisch für das Constantinische Zeitalter und die darauf folgende Zeit. Vor 312 ist es wohl nur sehr sporadisch vorgekommen. De Rossi hat

---

[1] Hierfür legt ein höchst interessantes heidnisches Denkmal des Vatican Zeugniss ab. Ein Steinmetz setzte aus Gewohnheit, jede Inschrift mit D M zu beginnen, diese Buchstaben auch auf das Schild seiner Werkstatt:

      D M
TITVLOS SCRI
BENDOS VEL
SI QUID OPE
RIS MARMOR
ARI OPVS FV
ERIT HIC HA
    BES

(Mitgetheilt u. A. von Marini, *Gli atti de' fratelli Arvali* t. II, S. 693 u. Jahn, *Darstellungen antiker Reliefs* in den Berichten der phil.-hist. Klasse der Kgl. Sächs. Gesellschaft der Wissenschaften, 1861, Seite 299.

dies ausführlich nachgewiesen.[1]) So sind denn auch wohl diese Inschriften mit dem ☧ und Fisch nicht vorconstantinisch, sondern mindestens der Regierung Constantin's gleichzeitig, wenn nicht aus noch späterer Zeit. Dieses Ergebniss wird uns jedoch nicht hindern, den eigentlichen und allgemeinen Gebrauch der symbolischen Darstellung Christi unter dem Bilde des ΙΧΘΥΣ auf den Grabmonumenten in die Zeit der verfolgten Kirche zu setzen, die gezwungen war, ihren Glauben in nur Eingeweihten verständlichen Formeln und Bildern auszudrücken. Dass aus Gewohnheit und in Erinnerung an diese Zeiten man auch später noch die Gräber mit den Symbolen der Väter schmückte, wird nicht auffallen, sondern ist natürlich.

Es bedarf wohl kaum einer besonderen Versicherung, dass in das nachfolgende Verzeichniss der christlichen Grabmonumente mit dem symbolischen Fische keineswegs etwa alle Denkmäler des Alterthums, auf denen ein Fisch vorkommt[2]), ohne Weiteres mit aufgenommen sind. De Rossi hat überall eine sorgfältige Prüfung vorgenommen. Der christliche Character wird meist aus mehr als einem Anzeichen ersichtlich sein.

Wir beginnen mit den Inschriften, auf welchen sich die Buchstaben Ι Χ Θ Υ Σ eingehauen finden. Die Deutung ergiebt sich bei dieser Klasse von selbst: Wir haben das einfache Bekenntniss zu *Jesus Christus Gottes Sohne dem Heiland* vor uns.

---

1) Derselbe führt in dem Aufsatz *de christianis titulis Carth.* (im 4. Bd. von Pitra's *Spicil. Solesm.*) aus: *Quamdiu aut infesta aut dubia Christianis tempora fuerunt crucis imaginem studiose plerumque dissimulatam, monogramma aut nunquam aut tix raro adhibitum, crucem demum monogrammaticam (quantum ad hanc diem novimus) omnino nunquam. Rebus vero in contrarium versis monogramma primum militaribus vexillis et nummis et sacris omne genus monumentis atque ipsis sepulcris triumphali plane ritu depictum; deinde hoc ipsum monogramma gradatim ita immutatum, ut ad meram crucis imaginem in dies magis accederet* (⳨); *donec omni cautione deposita nuda demum crux, verum nempe Christi signum, quod inde a prima origine fideles mente semper respexerant, christiano orbe plaudente publice ubique proposita.*

2) Es kommt der Fisch auf den heidnischen Monumenten Rom's kaum öfter als 2 Mal vor. Auf der von Fabretti (*Inscr. ant. explic.* S. 220 n. 577) mitgetheilten Inschrift:

1) 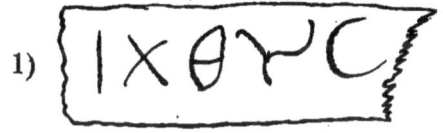 lesen wir geritzt¹) im Kalke eines Grabes des coem. Priscillae an der Via Salaria nuova und zwar des ältesten Theiles dieser zu den frühesten Katakombenanlagen gehörigen Gräberstätte, in unmittelbarer Nähe höchst

C · STLACCIVS
C · L · GAVDVS
C · STLACCIVS
C · L · SVAVIS · F
STLACCIA
C · L · HILARA
STLACCIA
C · L · SATVRNINA
SIBI · ET · SVIS

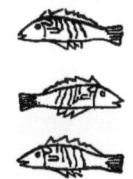

befinden sich drei Fische, die jedoch (nicht sowohl auf unserem und Fabretti's Abdruck, als auf dessen noch vorhandener Originalcopie) Schlangen sehr ähnlich sind, und auf einem dem Kloster von S. Paolo fuori le mura gehörigen Denkmale (vgl. Nicolai, Basilica Ost. S. 126, n. 159) ist oben ein aufrecht stehender Anker zwischen zwei Delphinen eingehauen. Möglicher Weise könnte letzteres Monument aber auch christlich sein, da auffallender Weise D M fehlt, überhaupt sich nichts specifisch Heidnisches auf demselben vorfindet.
Von den ausserhalb Rom's befindlichen Monumenten haben die Grabschriften der Soldaten der Flotte von Ravenna constant die Darstellung zweier Delphine, so dass diese als eigenthümliches Characteristicum derselben angesehen werden müssen. Sie stehen aber hierin einzig da. Vgl. Desid. Spreti, de origine et amplit. urbis Ravennae (Rav. 1793) Vol. I, n. 64. 70. 79. 88. 93. 96. 100. 105. 112. 130. 144. 226. 272.

1) Nicht geritzt, sondern mit schwarzer Farbe geschrieben, fand de Rossi in der Crypte des Cornelius zu S. Callist eine Schrift, die jedenfalls der Zeit der Verfolgung noch angehört, sich von den sonst ähnlichen, von Besuchern herrührenden Namen, Wünschen etc. aus späterer Zeit wesentlich unterscheidet, aber nur noch in den 4 ersten Buchstaben bestimmt erklärbar ist, die I X Θ T lauten. Es ist nicht eine Grabschrift, sondern ein gelegentlich geschriebener Ausruf. Deshalb führen wir diese *scrittura* nicht unter einer besonderen Nummer auf. Vgl. de Rossi, R. S. S. 282.

wichtiger Malereien der ältesten christlichen Kunst. Man vgl. Aringhi, *Roma Sotterranea chr.* t. II, S. 297 ff. und Scognamiglio, *notice sur deux catacombes.* Paris 1863. pl. II. Nur beiläufig bemerken wir ein für alle Mal für den epigraphisch ungeübten Leser, dass die uns geläufige Form des Sigma: Σ die ältere ist, dass aber seit Alexander dem Grossen schon dafür C das üblichere Zeichen wurde (de R. n. 1).[1])

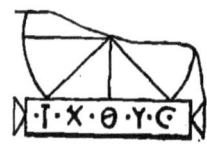

2) Nebenstehendes Fragment eines Monumentes aus Alabaster, das am Ende des vorigen Jahrhunderts aus den Ruinen alter Gebäude etwa am 9. Meilenstein der Appischen Strasse ausgegegraben wurde, befindet sich gegenwärtig im Kircher'schen Museum zu Rom. Vgl. Perret, *Catacombes,* t. V, pl. 52.[2]) Fr. Lenormant erwähnt es in der *Mémoire sur l'inscription d'Autun* (Bd. 4 der *Mélanges d'Archéologie* S. 119).

Fast vollständig kannte die Inschrift noch d'Agincourt. Seine eigenhändige Abschrift existirt noch auf der Vaticanischen Bibliothek. Auf dem verloren gegangenen Theile befand sich in einem Kreise das Monogramm Christi (☧) und darüber die Buchstaben LIORVm, die de Rossi als AVRELIORVM glaubt herstellen zu müssen. Die Grabstätte scheint einer vornehmen christlichen Familie angehört zu haben, die in dieser Gegend ein Landgut besass. Die Inschrift wird in die Mitte des 4. Jahrhunderts zu setzen sein. Eine frühere Zeit erlaubt die Paläographie nicht (de R. n. 2).

3) ΑΛΚΙΝΟΩΝΔΥΟCΗΜΑΑΛΕΞΑΝΔΡΟΥΤΕCΥΝΕΜΩΝ
ΤΡΕΙCΔΩΔΕΧΕΤΕΙCΠΙCΤΟΥCΓΕΝΕΤΗΠΡΟΕΠΕΝΨΑ (sic)
Ι Χ Θ Υ C
Γ

---

1) Die Angabe in ( ) bezieht sich — wie in der ganzen folgenden Aufzählung — auf die Nummer, welche das betreffende Monument in de Rossi's verdienstvollem Katalog seiner von uns zu Grunde gelegten Arbeit über den ΙΧΘΥΣ einnimmt.

2) Von dem auf Kosten der franz. Regierung von Perret herausgegebenen Prachtwerk *Les catacombes* hat streng wissenschaftlichen Werth nur der t. V, der die von Renier besorgten *inscriptions* enthält.

Umstehende Inschrift wurde im Cömeterium S. Hermetis gefunden, mitgetheilt von Lupi in seiner berühmten Schrift *Epitaphium Severae Martyris illustratum* (1734), Seite 103, sowie von Marangoni *Acta S. Victorini* (Rom. 1740), Seite 76. Gegenwärtig ist sie verloren. Auf der anderen, nach Aussen gekehrten Seite desselben Steines befand sich:

> FLORENTIO CARISSIMO
> FLORENTIA ET APRIO
> PARENTES FECERVNT
> FLORENTI DVLCIS

Offenbar ist die griechische Inschrift die ältere. Ihrer Länge war die Form des Steines angemessen. In dem loculus[1]) selbst befanden sich nur die Reste eines Leichnams, wohl des Florentius. Die ihm zugehörige (lateinische) Grabschrift kann spätestens in das vierte Jahrhundert gehören, die griechische wird geraume Zeit früher zu setzen sein, da bis zur Wiederbenutzung des Steines ein nicht zu kurzer Zeitraum vergangen sein wird. Wir erklären letztere mit stillschweigender Verbesserung der orthographischen Versehen:

> Der beiden Alkinoer Grabmal und des Alexander, der Brüder.
> Drei zwölfjährige Gläubige habe ich Mutter (?) vorausgeschickt (oder: drei Zwölfjährige, Gläubige von Geburt an, habe ich vorausgeschickt).
> ΙΧΘΥΣ

Ohne auf die eigenthümlichen Schwierigkeiten weiter einzugehen, bemerken wir nur noch, dass die drei genannten Brüder wohl nicht dem natürlichen Alter nach Zwölfjährige waren, (Drillinge und an gleichem Tage gestorben, welch ein seltner Fall!) sondern nach dem von der Taufe anhebenden. Zugleich getauft hatten sie das Glück zugleich zu sterben, wohl den Zeugentod. Der ΙΧΘΥΣ war ihre Hoffnung gewesen. Die Erklä-

---

1) Loculus, Oertlein, heisst in der Archäologie das einzelne in den Tuff gehauene Grab.

rung der räthselhaften Buchstaben ⸺ und Γ gehört nicht hierher[1]) (de R. n. 3).

  4) EVTYCHIANO
    FILIO DVLCISSIMO
    EVTYCHVS PATER
    D. D. V. A. I. M. II. D. IIII.
    DEI SERVS (sic) I ☧
      IXΘTC

lesen wir auf einem im J. 1730 ausgegrabenen Steine. In Betreff der näheren Angabe des Fundortes differiren die Berichterstatter. Vgl. Bottari, *sculture e pitture* t. III, S. 116, n. 1 und Mamachi, *Origines et antiquitates Christianae* t. IV, p. 12. Vermiglioli (*Iscr. Perug.* 2. ed. t. II, Seite 575, n. 2) sah die Inschrift später in Perugia. Dann ist sie verloren gegangen. Wir übersetzen dieselbe:

  Dem Eutychianus,
  dem süssesten Sohne,
  von seinem Vater Eutychus
  geweiht: er lebte 1 Jahr 2 Mon. 4 Tage,
  ein Knecht Gottes.
      In (?) ☧ (de R. n. 4)
      IXΘTC

  5) CECILIVS · MARITVS · CECILIAE
  (sic) PLACIDINAE · COIVGI · OPTIMAE
    MEMORIAE · CVM · QVA · VIXI · ANNIS · X
  (sic) BENE . SENE · VLLA · QVERELLA · IXΘTC

Bei Lupi *Epit. Sev. M.* S. 145 und in seinen *Opp. posthuma* t. I, S. 83, 178, 228 erwähnt. Vgl. auch Maffei, *Mus. Veronnes.* S. 261, 7, Martin et Cahier, *Mélanges* t. IV, S. 120.

---

1) Franz, *Christliches Denkmal von Autun*, S. 36 vermuthet, Γ und IXΘYC könne so zusammengehören, dass wir drei Fische (= Christen) zu erklären hätten. Wenn auch Γ als drei zu erklären sein sollte, so steht doch IXΘYC zu selbstständig da, als dass es mit Γ so ohne Weiteres zu verbinden wäre.

Die Inschrift stammt aus dem coem. S. Hermetis, befindet sich gegenwärtig im Vaticanischen Museum. Die Schriftzüge sind gut, aus nicht allzu später Zeit, d. h. jedenfalls vor 400 n. Chr. (de R. n. 5).

6)   (sic)   Ι Κ Θ Υ С
       BONO ET INNOCENTI FILIO
       PASTORI ⳝ Q · V · X · A · N · IIII
       M · V · D · XXV · I · VITALIO
       ET MARCELINA · PARENT

Die vorstehende, dem „guten und unschuldigen Sohne Pastor, welcher lebte 4 J. 5 Mon. 26 T. von den Eltern Vit. und Marc." gewidmete Grabschrift steht auf einer sehr grossen Marmorplatte, welche vielleicht einst ein Arcosolium (ein durch einen Bogen ausgezeichnetes, einen grösseren Deckstein erforderndes Grab) schloss. Man vgl. für dieses Monument Marini, *Gli atti e monumenti de' fratelli Arvali*, S. 255 und Perret, *Catacombes* t. VI, S. 96.[1]) Gegenwärtig befindet es sich im Vaticanischen Museum (de R. n. 6).

7) HIC TIbi FINIS ERat VITAE DVLCISSIME NATE
(sic) SET PATER OMNIPOTENS ORO MISERERE LABorum
     TANTORVM MISERE ANIMAE NON DIGna
     FERENTIS
               Ι Χ Θ Υ (Palmenzweig)

---

1) Als neu dem Original entnommen wird uns am letzteren Orte das oben mitgetheilte Epitaph in folgender Weise vorgeführt:
     IKΘΥC
   BONO ET INOCENTI FILIO
   PASTORI · QV · X · A · N · IIII
     NNIS · X
     IXΘΥC

Die Abweichungen lassen sich nicht aus der gegenwärtigen, fragmentarischen Beschaffenheit des Denkmals allein erklären. Die beiden letzten Zeilen scheinen fast einer andern Grabschrift anzugehören. So sehen wir z. B. nicht ein, was NNIS · X anders als eine Angabe der Jahre des Verstorbenen sein kann, die doch schon in der vorhergehenden Zeile mitgetheilt waren.

lauten die drei letzten Verse eines Fragmentes, das sich gegenwärtig in der Villa Borghese vor Porta del Popolo befindet. Der Fundort ist unbekannt, aber wohl ohne Zweifel ein christliches, unterirdisches Cömeterium. Die Schrift ist sehr gut und weist etwa in das 3. oder 4. Jahrhundert. Von den übrigen Versen sind kaum noch einige Buchstaben vorhanden. Die drei mitgetheilten lassen sich sehr leicht mit Hilfe von Virg. *Aeneidos* lib. II, v. 142 und 143

oro, miserere laborum tantorum, miserere animi non digna ferentis.

ergänzen. Solcher Anklang an Virgil vereinigt sich ganz gut mit Constantinischer, ja vorconstantinischer Zeit (Vgl. Sarti, *app. ad. Crypt. Vat.* S. 52). (de R. n. 7 u. S. 544 des 3. Bds. von Pitra's *Spicil. Solesm.*)

8) Nebenstehendes Epigramm wurde am Ende des 17. Jahrhunderts im coem. S. S. Gordiani et Epimachi gefunden, so nach Fabretti *Inscript. ant.* etc. *explicatio*, Rom. 1702, S. 329 n. 485) und Buonarruoti (*Osservazioni sopra alcuni frammenti* etc. S. 17). Nach dem in solchen Angaben unzuverlässigen Boldetti (*Osservazioni sopra i cimiteri*) aus dem coem. Cyriacae. De Rossi weiss nicht, ob und wo etwa der Stein noch existirt. Ist dieses Epitaphium auch ausführlicher, als man die Inschriften auf den älteren christlichen Monumenten sonst zu finden gewohnt ist, so ist doch die Ausdrucksweise alt. In die Constantinische Zeit mag es freilich wohl gehören, besonders auch dem zum senkrecht geschriebenen IXΘΥC zugesetzten

POSTVMIVS · EVTHENION · FIDELIS · QVI · GRATIA · SANCTA · CONSECVTVS
PRIDIE · NATALI · SVO · SEROTINA · HORA · REDDIT DEBITVM VITAE SVAE QVI VIXIT
ANNIS SEX · ET · DEPOSITVS · V · IDVS · IVLIAS · DIE · IOVIS · QVO · ET · NATVS · EST · CVIVS
ANIMA · CVM · SANCTOS · IN · PACE · FILIO BENEMERENTI · POSTVMII · FELICISSIMVS
(sic) ET · EVTHENIA · FESTA · AVIA · IPSPIVS (sic)

N nach zu urtheilen, wenn wir dasselbe anders richtig als NIKA erklären, so dass uns eine Anspielung auf die für das Constantinische Zeitalter und die Folgezeit characteristische Formel IC XC NIKA vorläge. Der Ausdruck *depositus* steht dieser Zeitbestimmung nicht entgegen, wenn er auch im allgemeinen Gebrauche sich erst in der Mitte des 4. und im 5. Jahrhundert findet (de R. n. 8).

9) Einen Grabstein mit I X Θ T C , der in den letzten Jahren in der *Cripta di S. Eusebio* zu Rom gefunden sein soll, finde ich erwähnt von G. Navarro in seiner *Filumena* parte II (Nap. 1864) unter der Ueberschrift *Nuove Scoperte* (S. 231): *(la epigraphia) fu posta ad un certo Battonio ed è molto pregevole per esservi accennato il purgatorio, e per avere incise le cinque rarissime lettere* I X Θ T C. Leider kam mir diese Notiz erst zu Gesicht, als ich schon Rom verlassen hatte. Dass Navarro das Fegefeuer auf dieser Inschrift angedeutet findet, wird schwerlich etwas zu bedeuten haben; dieser Fund ist nicht neu. Was hat man nicht schon zu sehen gemeint in den alten Cömeterien!

10) Obiges Monument wurde 1841 auf dem Mons Vaticanus mit anderen, weit grösseren christlichen Inschriften ausgegraben, befindet sich jetzt im Kircher'schen Museum. Die Form des Steines ist eine bei christlichen Inschriften sehr seltene. Dennoch kann über den christlichen Character des vorliegenden Monumentes

durchaus kein Zweifel obwalten. Wenn für denselben auch keineswegs der Kranz in Anspruch genommen werden darf,¹) so widerspricht demselben auch keineswegs das heidnische **D. M.** (Dis manibus). Der ΙΧΘΤC · ΖΩΝΤΩΝ bezeugt ihn unwiderleglich. Der Schrift nach wird dieses Denkmal vielleicht in das 3. Jahrhundert zu setzen sein. Die beiden, dem Anker zuschwimmenden Fische werden die Christen bedeuten, denen der ΙΧΘΥC ihre Hoffnung ist, in welchem sie als dem Lebendigen schlechthin (Joh. 14, 6) lebendig geworden sind. Man denke an Tert. *de bapt.* c. 1: *Nos pisciculi secundum* ΙΧΘΥΝ *nostrum in aqua nascimur*. Der Verstorbenen ist als einer *bene merenti* dieses Monument errichtet. In dieser, durch den steten Gebrauch fast jeden Inhalts entleerten Phrase der antiken Grabschriften hat man auch nicht im Geringsten etwas specifisch Christliches oder Heidnisches zu suchen. Sie wird uns im Nachfolgenden (häufig nur durch BM angedeutet) noch vielfach begegnen.

Man vgl. weiter über das mitgetheilte Denkmal (das wir später noch einmal werden aufzuführen haben) Marchi, *Mon. prim. dell' arte cr.* S. 70, Perret, t. V, pl. 44, auch Lenormant in den *Mélanges d'Archéologie*, t. IV (de R. n. 9).

11) In entschieden spätere Zeit, möglicher Weise in's 5. Jahrhundert, weist uns folgende sehr incorrecte Grabschrift von Acre (Palázzolo) in Sicilien, die wir der Kürze halber nur in Piper's Uebersetzung (*Ev. Kal.* 1855 S. 36) wiedergeben.

> Hier liegt Marinna,
> welche ehrbar und untadelhaft gelebt hat in dieser Welt und zum Herrn gegangen ist in einem Alter von 37 Jahren, ihre Schuld bezahlend am 24 December; sie liebte aber Gott. Verletze nicht mein Grab und zeige mir nicht das Licht (des Tages): wenn du aber wolltest mir das Licht zeigen, möge dir Gott das Licht des Zornes geben.

---

1) Derselbe findet sich sehr häufig auf heidnischen, besonders Militair-Inschriften (man beachte z. B. die Sammlung auf dem Hofe des Museo Capitolino), 17 Mal auf dem Grabmonument eines Ringkämpfers (im Museo Nazionale zu Neapel. Cf. *Bulletino dell' instituto*, Sitzung vom 21. April

Die Bitte und Strafandrohung zum Schluss ist eine Reminiscenz an die heidnische Sitte, sich durch dergleichen (aber in noch stärkeren Ausdrücken) vor Verletzung seiner Ruhestätte sicher zu stellen. Man vgl. für dieses Monument Judica, *Antichità di Acre*, Tafel III, n. 19. Thiersch in dem 1. Bde. der *Jahresberichte der Königl. Bayr. Acad.* S. 21 ff. Raoul-Rochette, *Mémoire de l'Acad. des inscr. et des Belles-Lettres*, t. XIII, S. 227.

12) Mit ziemlicher Gewissheit gehört in das 5. Jahrhundert nebenstehende Grabschrift auf einem Ziegelfragment, das zu den Funden Lenormant's bei Saint-Éloi in Frankreich gehört. Dasselbe wurde noch an seinem ursprünglichen Bestimmungsorte gesehen. Trotz der fragmentarischen Beschaffenheit dieses Epitaphs lässt sich unser Ι Χ Θ Υ Σ doch wohl mit voller Gewissheit erkennen. Vgl. Le Blant, *Inscriptions Chrét. de la Gaule*, t. I, n. 130, auf den Tafeln n. 116.

13) Zwar aus derselben Provinz, aber viel früherer Zeit stammt das berühmte Denkmal von Autun[1]), das daselbst im J. 1839 gefunden und seitdem ununterbrochen die Aufmerksamkeit der Archäologen auf sich gelenkt hat.

Der Text dieser, etwa in das dritte oder doch die ersten Jahre des 4. Jahrhunderts gehörigen, Inschrift, wird nach den neueren Untersuchungen etwa folgendermaassen herzustellen sein:[2])

1865). Die Anschauung vom Ringkampfe liegt ja der christlichen Vorstellung vom στέφανον τῆς ζωῆς zu Grunde. Auf den heidnischen Monumenten wird freilich meist ausschliesslich an den irdischen Ehrenkranz zu denken sein.

1) Autun ist das alte Augustodunum unweit von Lugdunum, dem heutigen Lyon. Es blühte zur Zeit des Augustus, stand dann aber der Hauptstadt der Gallia Lugdunensis nach. Wie wir von vielen Martyrien in der ursprünglich kleinasiatischen Gemeinde dieser Stadt hören, haben wir doch auch Kunde von dem Zeugentode wenigstens e i n e s Christen (Symphorianus) zu Augustodunum im J. 180.

2) Unmöglich können wir hier ausführlich auf Lesarten oder Einzelerklärungen dieses überaus wichtigen Denkmals eingehn, über das sich eine förmliche Bibliothek gebildet hat. Am vollständigsten ist die Literatur im 1. Bde. von Pitra's *Spicil. Solesm.* angegeben. Dann beachte man aber be-

ΙΧΘΤΟΣ ο[ὐρανίου θε)ῖον γένος, ἤτορι σεμνῷ
Ichthys', des himmlischen, göttlich' Geschlecht, das Herz rein
Χρῆσ(αι) λαβὼ(ν πηγὴ)ν ἄμβροτον ἐν βροτέοις
Bewahr, nachdem Du empfangen unter Sterblichen den unsterblichen Quell
(Θ)εσπεσίων ὑδά(τω)ν· τὴν σὴν, φίλε, θάλπεο ψυχή(ν).
Von Gott her strömender Wasser. So labe, o Freund, Deine Seele
"Υδασιν ἀενάοις πλουτοδότου Σοφίης.
An den stets fliessenden Wassern der Reichthum schenkenden Weisheit.
Σωτῆρος δ᾽ ἁγίων μελιηδέα λάμβανε (βρῶσιν)
Des Heilandes der Heiligen süsse Speise empfange
Ἔσθιε π(ε)ινάων[1]) ΙΧ(Θ)ΤΝ ἔχων παλάμαις.
Geniess hungernd den Ichthys, den Du hälst in den Händen.
ΙΧ(Θ)Τ, χειρ(ὲ) ἄραρα, λιλαί(ομαι), δεσπότα Σωτή(ρ).
O Ichthys, die Hände habe ich bereit, ich sehne mich, mein Herr und Erlöser.
Εὐειδεῖν μήτηρ,[2]) σὲ λιτάζομ(αι), φῶς τὸ θανόντων.
Dass wohl ich erblicke, fleh o Mutter ich Dich an, das Licht der Todten.
Ἀσχάνδιε (πά)τερ τῷμῷ κε(χα)ρισμένε θυμῷ,
Aschandios, o Vater, Du Theuerster meinem Gemüthe,
Σὺν μ(ητρὶ χρηστῇ σὺν ἀδελφει)οῖσιν ἐμοῖσιν,
Sammt der besten Mutter und meinen Brüdern
Ἰ(χθύος ἐν δείπνῳ) μνήσεο Πεκτορίου.
Bei des Ichthys Mahle gedenke des Pectorios.

---

sonders noch Garrucci's Aufsatz in den *Mélanges d'Épigraphie ancienne*, Paris 1856, S. 32ff (mit einer trefflichen Photographie des Monumentes in ¼ Grösse des Originals), Lenormant in den *Mélanges d'Archéologie* 1856, t. IV, S. 115ff und Le Blant im 1. Bande seiner *Inscriptions chrétiennes de la Gaule*, Paris 1856.

1) Oder: πῖνε, λαβών.
2) Μήτηρ steht hier wohl (wie v. 6. Σωτήρ) als Vocativ. Die Endung ΤΗΡ ist deutlich zu erkennen. Als Nominativ gefasst, scheint sich uns μήτηρ durchaus nicht in den Zusammenhang zu fügen. Vgl. Garrucci a. a. O. S. 44.

Der Ι Χ Θ Υ Σ findet sich zunächst acrostichisch in den 5 ersten Versen, sodann das Anagramm ΙΧΘΥΣ selbst vier mal im Texte. Von v. 1—4 wird offenbar von der Taufe gehandelt, der Vorbedingung des Heiles. Angeredet sind die *pisciculi* Tertulian's, die durch das Bad der Wiedergeburt dem ΙΧΘΥΣ zugehören, seines Geschlechtes sind.

Die drei folgenden Verse sprechen von dem eucharistischen Genusse des ΙΧΘΥΣ, der das Unterpfand der Unsterblichkeit und Auferstehung ist nach Christi eigenem Worte Joh. 6. Die Christen werden noch in apost. Weise ἅγιοι genannt. Mit hungrigem Gemüthe sollen sie den ihnen realiter gebotenen ΙΧΘΥΣ geniessen.

In den vier Schlussversen wendet sich Pectorius, dem das Monument gilt, an seine Eltern und Brüder mit der Bitte, seiner fürbittend zu gedenken. Bekanntlich betete die alte Kirche im sacrificiellen Theile ihres Cultus für die Verstorbenen, auch für die Märtyrer.

14) Dieser Grabschrift des Pectorius verwandt ist das Epitaph des Abercius[1]), das dieser selbst für sein Grabmal dictirt haben soll. Wenn auch die Quellen, die uns von dieser Inschrift Kunde geben — die *Vita* des Abercius von Simeon Metaphrastes und eine andere von Boissonade in s. *Anecd. graeca* (S. 462 ff) herausgegebene Μετάφρασις — sich sofort als überaus legendenhaft herausstellen, so enthält doch das darin mitgetheilte Epitaph Ideen, die unmöglich den Byzantinischen Legendenschreibern angehören können, aus einem wirklich vorliegenden Original auf dem Grabmale selbst geschöpft sein müssen. Nach fleissiger Collation der betreffenden Manuscripte in den letzten Jahrzehnten, bes. seitens Pitra's, glaubt Garrucci Folgendes als den ursprünglichen Text der Grabschrift bieten zu können.[2])

---

1) Trotz des zweifelhaften Textes dieser Inschrift und obwohl der ΙΧΘΥΣ nur mehr gelegentlich (nicht wie sonst acrostichisch verwendet oder als einfaches Bekenntnisswort an Stelle einer bildlichen Darstellung des Fisches) vorkommt, wollten wir dieses höchst interessante Epitaph doch unserem Kataloge einreihen und ausführlich mittheilen, da es sich sonst meines Wissens) nicht häufig abgedruckt findet.

2) Vgl. Garrucci, in den schon erwähnten *Mélanges*, S. 1 ff. Wir haben

Εκλεκτῆς πόλεως τόδε (σῆμ') ἐποίησα πολίτης
Erwählter Stadt[1]) Bürger hab' dieses Denkmal ich errichtet
Ζῶν ἵνα ἔχω καιρῷ σώματος ἔνθα θέσιν.
Noch am Leben, damit dort zur Zeit ich hätte die Beisetzung
meines Leibes.
Τοὔνομα Ἀβέρκιός[2]) εἰμι μαθητὴς ποιμένος ἁγνοῦ.[3])
Mein Name ist Abercius. Ich bin der Schüler des heiligen
Hirten.
Οὗτος γάρ με ἐδίδαξε (θεοῦ τὰ) γράμματα πιστά,
Dieser ja hat mich gelehrt Gottes zuverlässig Schriftwort,
Εἰς Ῥώμην ὃς ἔπεμψέ με (τὴν) βασιλείαν ἀθρῆσαι
Der nach Rom mich gesandt, das königliche zu schauen
Λαὸν δ' εἶδον ἐκεῖ λαμπρὰν σφραγῖδα ἔχοντα[4])
Ein Volk aber sah ich dort mit leuchtendem Siegel
Καὶ συνομηγυρ(έα)ς Π(έτρον καὶ) Παῦλον ἔσωθεν[5])
Und vereint den Petrus und Paulus darinnen.
Καὶ Συρίης πέδον εἶδον καὶ ἄστεα πάντα
Und Syrien's Gefild sah' ich und seine Städte all'
Νίσιβιν Εὐφράτην διαβὰς· πίστις δὲ προῆγε[6])
Nisibis, nachdem ich den Euphrat überschritten. Der Glaube
aber führte

---

uns im Obigen aber nicht ohne Weiteres an Garrucci's Text gebunden. In der Auslegung ist Garrucci durch seinen kirchlichen Standpunkt ungemein beeinflusst.

1) Wohl Hierapolis in Phrygien, ἐκλεκτὴ πόλις genannt entweder mit Bezug auf 1 Petr. 1, 1 oder zur allgemeinen Characteristik derselben als einer christl. Stadt.

2) Vielleicht der von Euseb. in der Kirchengeschichte (l. V, 16) erwähnte Abercius Marcellus, ein Streiter gegen den Montanismus.

3) Bezeichnung Christi, des ποιμήν ὁ καλός (Joh. 10, 14).

4) Apoc. 7, 2. Die römische Gemeinde muss in den ersten Jahrhunderten in der That einen (im christlichen Sinne) königlichen Eindruck, den eines Gottesvolkes gemacht haben, das das Siegel seiner Erlösung an der Stirn trug. Hieronymus (praef. in lib. II comm. in ep. ad Galat.) bemerkt: *Romanae plebis laudatur fides. Ubi alibi tanto studio et frequentia ad ecclesias et ad martyrum sepulcra concurritur?*

5) Bezieht sich wohl auf den allgemein üblichen Besuch der Gräber der Apostel: ἐν τῇ βασιλικωτάτῃ πόλει Ῥώμῃ πάντα ἀφίεντες ἐπὶ τοὺς τάφους τοῦ ἁλιέως καὶ τοῦ σκηνοποιοῦ τρέχουσι — καὶ βασιλεῖς καὶ ὕπατοι καὶ στρατηγοί (Joa. Chrys. c. Judaeos et Gent. S. 570, t. 1, Paris 1718).

6) Auf diesen Reisen, wie auf dem ganzen Lebenswege des Abercius.

Καὶ παρέθηκε τροφὴν Ι Χ Θ Τ Ν (ζωῆς) ἀπὸ πηγῆς¹)
Und setzte vor als Speise den Ichthys von dem Lebensquell
Παμμεγέθη,²) καθαρ(ὸν) ὃν ἐδράξατο παρθένος ἁγνή,³)
Den gar grossen, den reinen, den (im Glauben) ergriff die
heilige Jungfrau,
Καὶ τοῦτον παρέδωκε φίλοις⁴) ἔσθειν διὰ παντός
Und den gab er den Freunden zu essen allezeit
Οἶνον χρηστὸν ἔχουσα κέρασμα διδοῦσα μετ' ἄρτου
Heilvollen Wein besitzend: den Trank reichend zugleich mit
dem Brode.

In den hierauf noch folgenden 5 Schlussversen benutzt Abercius den noch vorhandenen Raum, um zu erklären, die Inschrift sei in seiner Gegenwart angefertigt, als er 72 Jahre war. Er erinnert an den gesetzlichen Schutz der Gräber.⁵)

Wie auf dem Denkmal von Autun tritt uns in der mitgetheilten Grabschrift der ΙΧΘΥΣ in seiner eucharistischen Bedeutung als das viaticum der Gläubigen auf dem Lebenswege entgegen. Passend wird seiner auf dem Grabdenkmal gedacht, weil solch Geniessen des ΙΧΘΥΣ von diesem selbst als Leben wirkend bezeichnet war.

Nichts anderes als das einfache Bekenntniss zu Jesu Christo als Gottes Sohn und Heiland enthalten — wie die eben besprochenen Inschriften mit dem acrostichischen ΙΧΘΥΣ — die mit der bildlichen Darstellung eines Fisches versehenen Monumente. Wir schliessen vorerst noch die Denkmäler, auf denen noch andere Symbole zu dem Fische hinzutreten, aus und beginnen mit den neuerdings

---

1) Vgl. Apoc. 7, 17. Ps. 36, 10. Jerem. 17, 13.
2) Auch der unbekannte Vf. der Schrift *de prom. et praed. Dei* nennt p. II, c. 39 Christus *piscis magnus*, mit der uns schon bekannten Beziehung auf Tobias c. 2, aber auch im Gegensatz zu den im Taufwasser geborenen *pisciculi* (Tert.), den Christen.
3) Luc. 1, 38.
4) Vgl. Joh. 15, 15.
5) Ταῦτα παρεστὼς εἶπον Ἀβέρκιος ὧδε γραφῆναι
Ἑβδομηκοστὸν ἔτος καὶ δεύτερον ἦγον ἀληθῶς.
Οὐ μέντοι τύμβον ἐμοῦ τις ἐπάνω θήσειε
Εἰ δ' οὖν, Ῥωμαίων ταμείῳ δισχίλια χρυσᾶ
Καὶ χρηστῇ πατρίδι θήσει δισχίλια χρυσᾶ.

entdeckten oder doch noch im Originale vorhandenen. Zuerst zwei Epitaphien, auf denen ohne weitere Grabschrift uns allein die Darstellung des Fisches begegnet.

15) In einer Schenke an der Via Appia sah de Rossi im J. 1850 einen aus den dort belegenen Katakomben ausgegrabenen Stein, dessen beide Seiten mit heidnischen Inschriften versehen waren. Man hatte jedoch auf der Seite, welche bei der Benutzung dieses Steines christlicher Seits nach Aussen gekehrt wurde, die Schriftzüge mit ihrem heidnischen Inhalt nach Möglichkeit zu tilgen gesucht und statt derselben das Bild eines Fisches, die Verkörperung des Bekenntnisses zum IXΘΥΣ, einzuhauen gesucht. Dieses Monument ist gewiss, wie wenige andere, eine höchst ehrwürdige Reliquie aus den Tagen der Niedrigkeit der Kirche (de R. n. 69).

16) Ebenso findet sich in folgender Weise ein Fisch ohne weitere Inschrift auf einem Grabsteine des Klosters S. Lorenzo fuori le mura bei Rom, wahrscheinlich aus dem daselbst befindlichen coem. Cyriacae stammend. Vgl. Perret V, 69, n. 4 (de R. n. 74).

17) Im J. 1852 fand de Rossi noch an seinem ursprünglichen Orte im Cömeterium des Petrus und Marcellinus folgende Inschrift mit überaus guten und alten Buchstaben:

(sic) LEONTIE · IN PACE QVE ·
VIXIT · ANNIS · XXVII ·
MENS · IIII · DIE · XXVIII
FECIT · PRIMVS · CVM ·
(sic) LABORONE SVE ·

Vgl. zu Laborone die Inschrift bei Gori, *Inscr. Etr.* t. II, S. 74 n. 41. Der Fisch ist von anderer Hand nur leicht eingehauen. De Rossi hält dieses noch heute an seinem Fundorte befindliche Monument für jedenfalls vorconstantinisch[1]) (de R. n. 22).

---

[1]) Garrucci giebt genau dieselbe Inschrift mit dem Fisch in seinen *Nuove epigrafi Giudaiche di Vigna Randanini (Civiltà Cattolica,* 1863 S. 110). Er glaubte, dieselbe sei noch nicht publicirt. De Rossi hatte sie jedoch

18) Folgende höchst fragmentarische, sehr schlecht geschriebene, Inschrift wurde im J. 1853 in einem tieferen Theile des Cömeterii des Nereus und Achilleus gefunden, der nach einer Menge von Zeugnissen dem zweiten und dritten Jahrhundert (nach de Rossi) angehört:

    ΚΟΤ ....
    ϹΕΙΡΙΚ .. (de R. n. 24).

19) Auf einem lateinischen Inschriftenfragment, das im Jahre 1824 aus den unterirdischen Begräbnissstätten (Näheres unbekannt) ausgegraben wurde, lassen sich noch die Spuren eines einst auf dem Steine befindlichen Fisches erkennen. Es befindet sich gegenwärtig im Museo Later. (de R. n. 25).

20)   D   M
        POMPONIAE FORTVNV
(sic) LAE QVE DECESSET IN PACE
        QVE VIXIT ANN. II. MEN. I. DIES XX

lesen wir auf einem im J. 1744 im coem. Praetextati — so nach dem Zeugnisse Marangoni's *delle cose gentilesche e profane trasportate* S. 464 — ausgegrabenen Steine. Ein Abdruck dieses Monumentes findet sich auch in Passionei's *Iscrizioni antiche* S. 124, n. 78. De Rossi setzt dasselbe etwa in das 3. Jahrhundert (de R. n. 20).

21)   M · AVR · AMMIANVS · FECIT
(sic) SIBI · ET · COIVGI · SVAE · CORNE
     LIAE TRYFERATI BENE CONBE
     NIEN   TIBVS.

befindet sich gegenwärtig im christlichen Museum des Lateran. Der längliche Stein wurde im J. 1843 im coem. Hermetis noch an seinem ursprünglichen Bestimmungsorte gefunden. Er ge-

---

schon in seinem Aufsatze über ΙΧΘΥΣ mitgetheilt. Vgl. dessen *Bull. di arch. cr.* 1864 S. 10.

hört, der Schrift nach zu urtheilen, wenigstens in das dritte oder den Anfang des vierten Jahrhunderts, vielleicht in noch frühere Zeit.

Ueber den Ausdruck *bene conbenientibus* vergleiche man Sueton in *Tiberius* § 7[1]) (de R. n. 21).

22) In der Vaticanischen Sammlung befindet sich folgende, durch naive Anonymität merkwürdige Grabschrift. Sie ist mitgetheilt zuerst von Lupi, *Ep. Sev. M.* S. 105 und *Opp. post.* t. I, S. 153, stammt aus dem Cömeterium des Hermes (de R. n. 17).

CARAE COIVGI · BENE · MERENTI
POSVIT
QVAE A^NNIS · VIXIT · MECV · XIIII
MESES · X · DIES · V (sic)

23) Folgende incorrecte Grabschrift stammt nach dem Zeugniss Marangoni's (*Acta S. Victorini* S. 103) aus dem Cömeterium des Gordianus an der Via Latina. Die Buchstaben sind sehr schlecht, gehören aber doch dem vierten Jahrhundert etwa an. Gegenwärtig befindet sich dieses Monument in S. Cosmas und Damian zu Anagni bei Rom.

(sic) OLCVM EMPTVM ASICV
ANIONE QVI EST FELIC
ISSIMI ET JANVARIES

Bekanntlich kaufte man in der späteren Zeit seine Begräbnissstätte *(locum)* von den Fossoren, den Todtengräbern. Man vgl. dazu das unter n. 46 mitgetheilte Monument (de R. n. 18).

24) Das auf der folgenden Seite abgedruckte, gleichfalls höchst nachlässig geschriebene, Epitaph wird zu lesen sein: Marcianus enonfitus recesi(t). Celi tibi patent. (V)is(v)es in pace! Unmöglich wird enonfitus etwas Anderes als neofitus oder neophytus heissen sollen, wie uns ein ganz ähnliches Versehen auf dem bei Perret, t. V, pl. 31, n. 78 mitgetheilten Monumente begegnet. Der Ausdrucks-

---

1) *Agrippinam .... quanquam bene convenientem rursusque gravidam dimittere ac Juliam Augusti filiam confestim (Tiberius) coactus est ducere.*

weise nach gehört unser Denkmal durchaus zu den älteren. Man vgl. noch für dasselbe Marini (in *sch. mss. edd.* Amadutius, *Anecd. litt.* t. IV, S. 542 n. 60), Vermiglioli (*Iscr. Perug.* ed. I, S. 331), Cardinali (*Iscr. Veliterne*, S. 201, n. 134) und Perret t. V, pl. 35. Es stammt aus dem coem. Pontiani (vor Porta Portese zu Rom) und befindet sich gegenwärtig in der Borgia'schen Capelle zu Velletri (de R. n. 19).

Die nun folgenden 7 Inschriften — wie die vorigen aus Rom — sind nicht mehr im Original vorhanden.

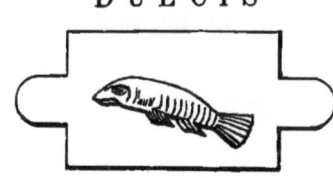

25) Aus S. Priscilla theilt Bosio *R. S.* S. 534 das nebenstehende Denkmal mit, welches Aringhi R. S. t. II, S. 288 abdruckt, leider es mit einem heidnischen confundirend (de R. n. 15).

26) Aus dem Cömeterium S. Hermetis stammt nebenstehender, das Grab der 11 jährigen Severa Melitina zu schliessen bestimmter, Stein — nach dem Zeugniss Lupi's in *Ep. Sev. M.* S. 65 und *Opp. post.* t. 1, S. 165 (de R. n. 16).

27) Eine lat. Grabschrift aus dem coem. Priscillae, bei Boldetti a. a. O. S. 386 (de R. n. 10).[1]

---

[1] Ist das bei Boldetti abgebildete Thier wirklich ein Fisch oder steht es nicht vielmehr zu dem Namen des Verstorbenen Dracontius in Beziehung? Vgl. Martigny S. 448. Wir wagten trotz solchen Zweifels nicht, ein von de Rossi aufgeführtes Monument in unserem Cataloge auszulassen.

28) Aus S. Callist, bei Boldetti S. 364 (de R. n. 11):

    LEONI BENEME
    RENTI FILIO IN PACE

29) Ebendaher stammt folgende, gleichfalls von Boldetti S. 409 publicirte Inschrift, die Bottari t. III, S. 117, n. 11 ohne den Fisch giebt (de R. n. 12):

    SERAPIO FRATER MAIOR DOLENTES
(sic) ISCRIPSERVNT BENEMERENTI
    MELITIO IN PACE VIXIT ANNOS
    XXXVIII · MENSES · VI

30) Gleichfalls dem coem. Callisti gehört nachstehendes, von Boldetti S. 360 mitgetheilte Monument an. Nachlässiger giebt derselbe es S. 484 noch einmal, aber als im coem. Cyriacae gefunden (de R. n. 13).

    EVEMERA IN PACE

31) Auch aus S. Callist stammt endlich noch folgendes Epitaphium (de R. n. 14):

    PASTORE
    IN PACE

Ausserhalb Rom's begegnen uns mit dem Bilde eines einzelnen Fisches ohne weitere Symbole folgende Monumente:

32) Das griechische Epitaphium aus Thessalonich, gegenwärtig zu Venedig. Vgl. für dasselbe Paciaudi, *Monum. Pelo-*

pon. t. II, S. 220 ff. Nach Raoul-Rochette ist es jedenfalls vor das 5. Jahrhundert zu setzen.

Καλόκερος. Μακεδό-	Kalokeros (hat bereitet) dem
νι. καὶ Σωιγενίᾳ	Macedo und der Sosigenia
τοῖς γλυκυτάτοις	den süssesten Eltern
γονεῦσιν. τὸ. κοιμη	die Ruhestätte
τήριον. ἕως. ἀναστάσεως	bis zur Auferstehung

Die Erwähnung der Auferstehnng unmittelbar neben dem Bilde des ΙΧΘΥΣ wird uns vielleicht an das schon erwähnte Wort des diesem Monumente etwa gleichzeitigen Severianus von Gabala erinnern können: *Si Christus non esset piscis* (d. h. Gottes Sohn und Heiland) *nunquam a mortuis surrexisset*. Die Hoffnung auf die Auferstehung soll wohl hier (wie dann auch überall, wo in dieser Weise der ΙΧΘΥΣ erscheint) als gegründet in der Christi, des Erstgeborenen von den Todten, der als Gottes Sohn und Heiland nicht im Grabe bleiben konnte, dargestellt werden.

33) Nur fragmentarisch besitzen wir folgende Grabschrift

```
... τ E K N O C C O Φ H νου (?)
    συν τοι C M A K A P I O I C
    ........ K P I C I N  K A I
    ...... H N
```

aus Catania in Sicilien, über die Amico, *Catania illustrata*, t. III, S. 276 zu vergleichen ist.

34) Zu den Funden Lenormant's bei Saint-Éloi in Frankreich das nebenstehende Fragment mit plumper Darstellung eines Fisches und den Buchstaben ..... VS IN Pace. Vgl. Le Blant a. a. O. n. 153, auf den Tafeln n. 123. Auf dem ebendaselbst n. 139 erwähnten Fragment ist vielleicht der Schwanz eines Fisches zu sehen. Es kann aber auch der einer Taube sein.

35) Le Blant verspricht (a. a. O. t. I, 370, Anm. 8) ein anderes Fragment aus Saint-Éloi mit dem Symbol des Fisches in einem Anhange zu geben.

36) Eine Grabschrift aus Saint-Romain-en-Gal. Bei Le Blant n. 398 des t. II.

Als Uebergang zu den Monumenten, auf welchen der Fisch in Verbindung mit anderen Symbolen und Zeichen auftritt, lassen wir n. 37 u. 38 zwei Epitaphien folgen, deren Erklärung wegen der Einfachheit des zum IXΘΥΣ Hinzutretenden sehr leicht ist.

37) Auf einem fragmentarischen Grabsteine von carystischem Marmor, gegenwärtig im Museo crist. di S. Giov. in Lat. zu Rom, sehen wir ohne weitere Inschrift einen Fisch und darunter eine wie mit Edelsteinen besetzte Verzierung. Der IXΘΥΣ soll wohl dadurch verherrlicht werden. Das Monument ist publicirt von Renier, bei Perret, t. V, 41, n. 7 (de R. n. 73).

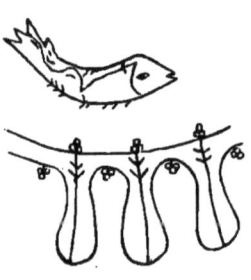

38) Auf einem lateinischen Epitaph aus einer der unterirdischen Begräbnissstätten (eine nähere Angabe ist nicht mehr möglich) befindet sich ausser der Darstellung eines Fisches das Bild des Verstorbenen: wiederum das einfache Bekenntniss zu dem IXΘΥΣ. Marini entnahm dieses Monument dem päpstlichen Archiv und gab es unter n. 3787. In ähnlicher Weise giebt das Bild des Verstorbenen unsere genau facsimilirte Inschrift n. 88 (de R. n. 28).

Wir kommen jetzt zu den mit dem ☧ versehenen IXΘΥΣ-Denkmälern. Diese Zusammenstellung ist von den häufiger wiederkehrenden die einfachste. Es liegt uns in ihr ein doppeltes Bekenntniss zu Christo (durch Schrift und Bild) vor.

39) Im J. 1728 fand Boldetti im coem. Hermetis folgenden Grabstein, den Lupi (*Ep. Sev. M.* S. 53) und Marangoni (*Acta S. Vict.* S. 122) mittheilten (de R. n. 29).

CALIMERA 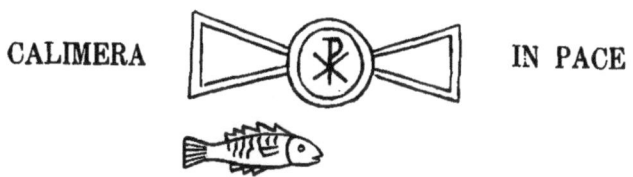 IN PACE.

40) Was wir im Eingange dieses Abschnittes über die mit dem ☧ versehenen Monumente und zumal die aus der Provinz stammenden, bemerkten, bestätigt uns das Denkmal aus Nicia vom Jahre 474:

☧ HIC REQVIESCIT BONAE MEMORIAE
SPECTABILIS EXPECTATVS Q. VIXIT
ANNIS PL M LVII CVIVS DEP EST SVB
DIE VIII KAL IVNII DN LEONE IVÑRE
V. C. CONS

(His requiescit bonae memoriae spectabilis Expectatus, qui vixit annis plus minus LVII, cujus deposito est sub die octavo Calendas Junii, Domino nostro Leone juniore, viro clarissimo, consule). Es wurde publicirt von Goffredi *Nicia illustrata* (daher Muratori 411, 5, Georg ad. Baron. an. 474, t. VIII, S. 321) und Gazzera, *Iscr. crist. del Piemonte* S. 28. Der Fisch findet sich nur bei Goffred. De Rossi meint, der Fisch könne möglicher Weise sich schon vor der Inschrift auf dem Marmor befunden haben. Leider ist das Original nicht mehr vorhanden.

41) Nur eine geringe Variation der eben besprochenen zwei Monumente haben wir vor uns, wenn wir aus Blasius *Inscr. ex bibl. monach. Camald. S. Greg.*, n. 17 (in Oderici *Dissertationes* S. 346) und Perret, t. V, 39 ein Denkmal im Besitze des Klosters S. Gregorio zu Rom kennen lernen, auf dem sich das ☧ und ein Fisch mit einem Palmenzweige im Munde befindet. Wir werden an die Palme erinnert, die sich nach Apoc. 7, 9 in den Händen der Sieger befindet, die sie aber von Niemand anders empfangen haben, als

dem ☧, Gottes Sohn und Heiland. Gegenwärtig ist das Monument nur noch fragmentarisch vorhanden (de R. n. 30).

42) Der Hammer, den wir auf der nachstehenden lnschrift

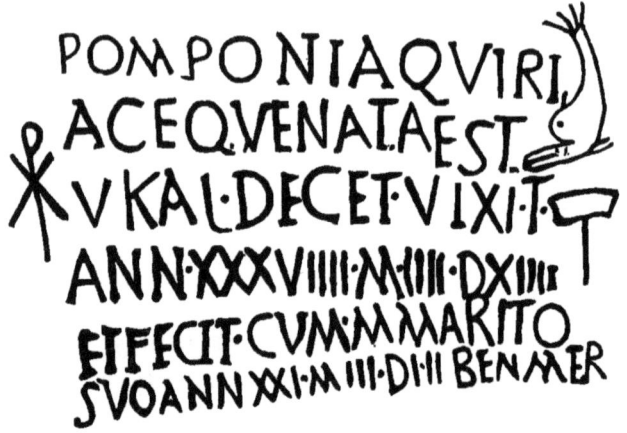

zum Fisch und ☧ hinzugekommen finden, wird nicht symbolisch, sondern aus den Privatverhältnissen der Verstorbenen zu erklären sein. An ein Marterinstrument ist — wenn je — bei dieser, mindestens Constantinischer Zeit angehörenden Inschrift gewiss nicht zu denken. Sie stammt aus den römischen Katakomben, gehörte dann zu Borgia's Sammlung in Velletri und befindet sich gegenwärtig in der neu aufgestellten Abtheilung christlicher Inschriften des National-Museums zu Neapel. Mommsen giebt sie (doch nicht facsimilirt) in den *Inscriptiones Regni Neap. Lat.* (Lpz. 1852) n. 7185 (de R. n. 31).

43) Eine dreifache Bezeichnung Christi haben wir auf umstehendem Monumente vor uns: durch Fisch, guten Hirten und Monogramm. Letzteres ist sogar drei Mal wiederholt, ausserdem noch die Gottheit Christi durch die Weihung *dem einen heiligen Gott:* „Christo" auf das Nachdrücklichste hervorgekehrt. Vielleicht sollte im Gegensatz zum Arianismus hervorgehoben werden, dass der Verstorbene, Lucius, im Frieden (weil Glauben) der Kirche entschlafen sei, als ein vom guten Hirten, der zugleich Gottes Sohn und Heiland ist, heimgeholtes Schäflein. Die Erklä-

rung des Gefässes ist für unseren Zweck gleichgültig. — Die Inschrift stammt aus einem Cömeterium an der Via Latina. So nach Bosio *R. S.* S. 303. Den Fisch übersah Bosio. De Rossi

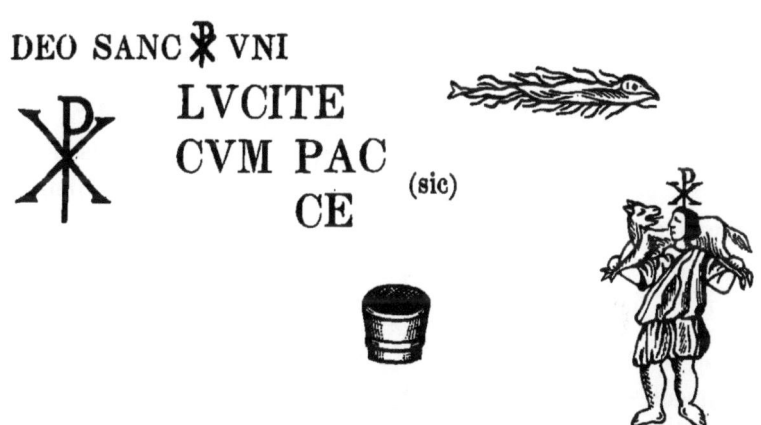

DEO SANC ☧ VNI
LVCITE
CVM PAC (sic)
CE

fand jedoch eine Copie dieses Monuments im codex Senensis K VIII, 3, S. 371, und eine zweite, gleiche, giebt Mamachi, *Orig. christ.* t. III, S. 18. Wir haben die unsrige Navarro's *Filumena* Bd. I, S. 283 entnommen (de R. n. 44).

In Verbindung mit dem Schiffe erscheint der Fisch auf nachfolgenden zwei Monumenten:

D 🐟 M

M · AVRELIO · ER
MAISCO
BENE MERENTI
(sic) QVEN OMNES SODALES
SVI QVERVNT

44) Die umstehend abgedruckte Inschrift stammt nach Gruter, *Inscript. ant.* S. DCXLII aus Rom, wird aber von ihm unter den heidnischen Denkmälern aufgezählt. Mit Recht urtheilte Marini anders. Freilich kommt das Schiff auch auf heidnischen Grabsteinen vor (so z. B. auf einem schönen cippus der Gräberstrasse von Pompeji) besonders aber wird es doch auf christlichem Gebiete als Bild des Lebens, seines Vorübereilens auf Erden, aber auch seiner Bestimmung, zu einem Hafen des Friedens zu gelangen (deshalb auch wohl mit dem Leuchtthurme verbunden) angewendet. Schon Clemens von Alexandrien hatte (paed. III, 11) dieses Sinnbild empfohlen. Da nun zu demselben noch der Fisch tritt (zwischen dem **D. M.** wie sonst häufig das ✽), so ist uns hierdurch der christliche Character unseres Monumentes hinlänglich verbürgt. Die Ausdrucksweise der Inschrift ist gleichfalls dem christlichen Geiste angemessen (de R. n. 33).

45) Eine engere Verbindung zwischen dem Fische und dem Schiffe tritt uns auf einem gegenwärtig in der Kirche S. S. Cosmas und Damian zu Anagni bei Rom befindlichen Monumente aus den römischen Cömeterien entgegen. Unter dem Namen bemerken wir einen Delphin, der auf seinem Rücken ein Schiff trägt. Offenbar soll uns die Vorstellung:

CASSVS ⌑
DOMNINVS

Die Kirche als von Christo getragen, gegeben werden. *Piscem ecclesiam dorso sustinentem ipsum esse Christum, cui illa unice innititur, quis non videat?* bemerkt de Rossi, der grosse Archäologe des „Statthalters Christi". Eine ähnliche Verbindung Christi mit dem Schiffe wird uns auf Gemmen noch einige Mal begegnen (de R. n. 32).

---

46) Als Schluss dieses Abschnittes, der die Inschriften mit Ι Χ Θ Τ Σ in Wort oder Bild allein oder in seltener vorkommenden Verbindungen mit anderen Symbolen behandeln sollte,

lassen wir jetzt die schon erwähnte, datirte Inschrift vom J. 400 folgen, die völlig eigenartig sowohl ihrer Zeit (ein römisches Grabmonument mit dem Fisch aus dem J. 400!) als ihren Symbolen nach erscheint. Dieselbe wurde aus dem coem. S. S. Quarti et Quinti am 2. Meilenstein der Via Latina ausgegraben. Der Sinn ihrer Worte ist: Calevius verkaufte dem Avinius ein Trisomum (d. h. ein für drei Leichen eingerichtetes Grab: von τρις und σωμα), in dem schon zwei lagen: Calvilius und Lucius, in Frieden. In der Mitte des Epitaphs steht ein Haus. Ueber ihm schwebt die Wagschaale zum Gericht über die Todten. Links von dem Hause steht in sehr roher Darstellung (wie ein Tisch mit zwei einander durchkreuzenden Füssen, auf dem 7 Lampen stehen) der uns bes. auf Jüdischen Monumenten häufigst begegnende siebenarmige Leuchter und ein Grabmal mit einer hohen Treppe, in dem eine Leiche steht, mumienartig eingewickelt, wie wir wieder-

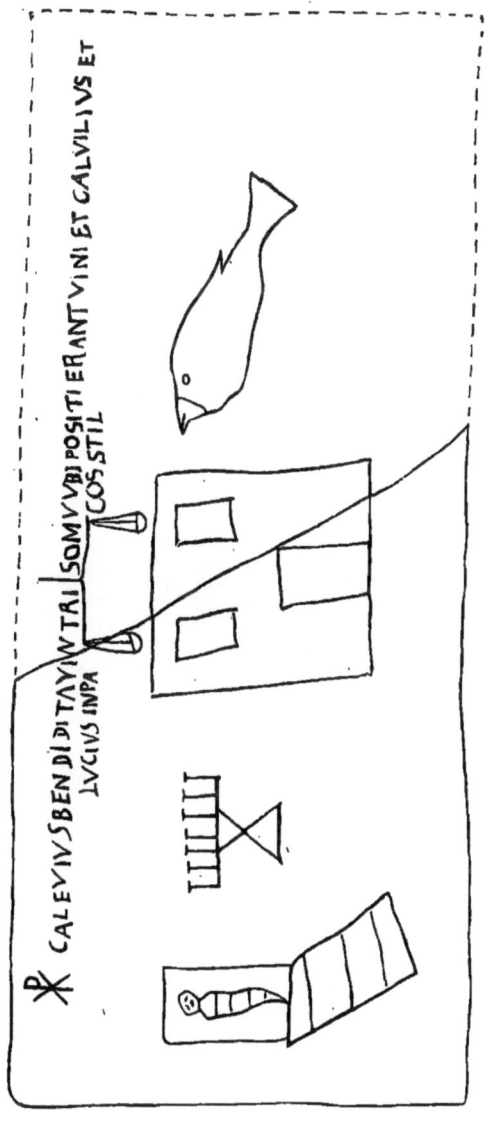

holt in dieser Weise auf den christlichen Denkmälern Lazarus dargestellt sehen. Der Fisch wird schwerlich mit Mamachi (*Orig.* t. III, S. 39) von der Unsicherheit des irdischen Lebens zu erklären sein. Wir haben keinen Grund, von der auf die übrigen Denkmäler bisher angewandten Deutung abzuweichen und sehen durch ☧ und den Fisch auch auf diesem Monumente in zwiefacher Weise das Bekenntniss zu Christo ausgedrückt. Die genauere Erklärung der übrigen Symbole ist hier nicht unsere Aufgabe. — Ein Fragment dieser Inschrift befindet sich noch gegenwärtig in Urbino. Publicirt wurde sie schon von Bosio in seiner *R. S.*, aus der sie wiederholt abgedruckt ist. Obiges Facsimile haben wir de Rossi's *Inscr.* Bd. I, S. 210 entnommen. Daselbst ist auch die Literatur über dieses Denkmal sorgfältigst verzeichnet (de R. n. 27).

Dritter Abschnitt.

Der Fisch auf Grabdenkmälern in Verbindung mit anderen Symbolen: dem Vogel, dem Anker, dem Brode.

Wir wenden uns jetzt zu der zweiten Hälfte der mit dem symbolischen Fische versehenen Inschriften, zu denen, auf welchen der Fisch wiederholt mit den gleichen Symbolen vereinigt erscheint: besonders mit der Taube (mit oder ohne Oelzweig im Schnabel), dem Anker und auch dem Brode. Den Schluss sollen die Grabmonumente bilden, auf welchen uns nicht der Fisch, sondern Fische begegnen.

Der Vogel mit dem Olivenzweige bedeutet schon dem Bottari (t. II, S. 42, vgl. auch t. III, S. 138) *In pace*. Noch entschiedener hat sich Muratori (*Thes. inscr.* S. 1890, n. 7) für diese Auffassung ausgesprochen. Eine besondere Stütze hat dieselbe ausser anderen durch ein Epitaph des *Mus. crist. di S. Giov. in Laterano* erhalten, auf dem wir ausser einem lat. Epigramm und sonstiger Grabschrift in nebenstehender Weise einen

Vogel mit dem Olivenzweige dargestellt finden nebst dem das Sinnbild erklärenden Worte *Pax*.[1]) Aber nicht die Taube bedeutet eigentlich den Frieden, sondern der Oelzweig.

---

1) Dieses Monument ist publicirt von Marini *Atti de' fratelli Arvali*. S. 266, doch nicht in Facsimile, auch bei Perret, t. V, 32. Man vgl. noch das ansprechende Epitaph des 14jährigen Felix (bei Perret, t. V, 77) auf dem wir ausser der Taube mit dem Oelzweig auch noch Noah in seiner Arche dargestellt finden, auch die Worte lesen: *Te in pace*.

So lesen wir denn auch auf einem anderen Monumente desselben christl. Museums des Lat. *In pace* innerhalb eines Olivenkranzes. Ambrosius von Mailand schrieb folgendes Distichon für ein Gemälde seiner Basilika:

„*Arca Noë nostri typus est; et spiritus ales
Qui pacem populis ramo praetendit olivae.*[1])

So bemerkt Augustinus (*de doctr. christ.* lib. II, cap. 17): *Nec aliam ob causam facile est intelligere pacem perpetuam significari oleae ramusculo, quam rediens ad arcam columba pertulit, nisi quia novimus et olei lenem contactum non facile alieno humore corrumpi et arborem ipsam frondere perenniter.*[2])

Die Taube ist Bild des heiligen sowie auch des menschlichen Geistes. Die erstere Bedeutung ist allgemein anerkannt. Einen Uebergang zur zweiten werden wir schon darin zu finden haben, dass die Verstorbenen auf den ältesten christlichen Inschriften sehr häufig selbst *spiritus sancti* genannt werden.[3]) Sehr häufig sehen wir neben dem Verstorbenen (meist in betender Stellung) das Bild einer Taube, so z. B. auf dem schönen Gemälde aus S. Agnese mit den fünf klugen Jungfrauen (bei Bosio S. 461). Dass wir in der That berechtigt sind, die Darstellung solcher Taube auf christlichen Grabmonumenten als symbolische Bezeichnung der menschlichen Seele, die zu Gott eilt, zu erklären, beweist uns eine höchst wichtige Inschrift, die de Rossi S. 421, n. 937 des 1. Bandes seiner *Inscriptiones christ.* und in seinem *Bullet. di arch. christ.* 1864, S. 12 mitgetheilt hat. Links in der Ecke sind auf derselben zwei Vögel abgebildet, zwischen denen das ☧ steht. Ueber den Vögeln lesen wir die Namen BENERA und SABBATIA.[4])

---

1) Vgl. Biraghi, *Inni sinceri e carmi di S. Ambrogio*, Milano, 1862 S. 144.
2) Vgl. auch Aug. *Contra Faustinum* lib. XII, c. 20.
3) Vgl. de Rossi, *Inscriptiones*, cap. V, § 5.
4) Damit ist selbstverständlicher Weise keineswegs behauptet, dass die Taube nun in allen Fällen als Symbol des h. oder menschlichen Geistes erklärt werden müsse. Sehr häufig wird sie im allgemeineren Sinne als Friedensbringerin zu verstehen sein oder Symbol der Unschuld u. dgl., zumal wenn sie doppelt dargestellt ist.

So werden wir denn die Verbindung der Taube und des Oelzweiges als Verkörperung der nicht seltenen Formel *Spiritus (tuus) in pace*, von der im Frieden ruhenden Seele verstehen dürfen. Tritt dazu der Fisch als symbolische Bezeichnung Christi, so wird die Vereinigung dieser drei Zeichen etwa ausdrücken, was wir sonst auf christlichen Denkmälern lesen: *Spiritus tuus in pace et in Christo!*, *Spiritus tuus in pace Christi!* Fehlt der Olivenzweig, so werden wir zu erklären haben: *Spiritus in Christo!* Alle diese Zurufe begegnen uns nach dem Zeugnisse de Rossi's (*Inscr.* t. I, cap. V, § 5) gerade auf den ältesten christlichen Inschriften. Daraus werden wir wohl wiederum einen Schluss auf das Alter der epigraphischen Denkmäler ziehen dürfen, welche uns den Inhalt solcher Formeln in bildlicher Darstellung wiedergeben: mindestens gleich früher Zeit werden sie angehören. Wir machen noch die Bemerkung, dass die meisten aus dem coem. Priscillae stammen — einer der ältesten Katakomben-Anlagen.

47) Nur die besprochenen Symbole ohne jegliche weitere Inschrift enhält nachfolgendes Monument, das im Jahre 1864

noch an seinem ursprünglichen Bestimmungsorte als Verschluss eines loculus des coem. Priscillae gefunden wurde. Dabei fanden sich noch 6 andere unberührte Gräber mit ihren Steinen und Inschriften. Das hier mitgetheilte Denkmal gehört mindestens in's 3. Jahrhundert. Den Nachweis giebt de Rossi in seinem *Bull. di arch. cr.* 1864, S. 9 f.

48) Einen Vogel und einen Fisch sehen wir roh gearbeitet auf dem Fragment einer lat. Inschrift, das im J. 1817 zu Rom ausgegraben wurde. Gegenwärtig befindet es sich im *Mus. cr.* des Lateran (de R. n. 42).

49) Gleichfalls ein Fragment einer lat. Inschrift wurde im J. 1851 im coem. Agnetis in Rom gefunden: mit einer Taube den Oelzweig im Schnabel tragend, einem Gefässe und einem Fische. Es befindet sich jetzt im *Mus. S. S.* (de R. n. 43).

50) Delacoulonche publicirte im J. 1855 in der *Revue (?) des Sociétés savantes*, 1855, S. 781 eine griechische Inschrift mit einem über zwei Tauben befindlichen Fische (nach einer Notiz bei Le Blant).

51) Ein Fisch und eine Taube mit dem Oelzweige im Schnabel befand sich nach cod. Vat. 5409, S. 35 auf einem Grabsteine aus dem coem. Zephyrini [oder richtiger Domitillae?] (de R. n. 67).

52) Einen Fisch und eine Taube mit einem Zweiglein sah de Rossi in Rocca di Papa bei Rom auf einem aus den Katakomben der „Stadt" stammenden Grabsteine (de R. n. 70).

53) Nachstehendes Monument aus dem coem. Priscillae theilt

Bosio *R. S.* S. 506 mit, findet sich abgedruckt bei Aringhi. Gegenwärtig ist das Original nicht mehr vorhanden. Die beiden Aexte bezeichnen vielleicht das Grab als das eines *fossor*. Die Verdopplung der Taube mit dem Oelzweige geschah wohl der Symmetrie wegen (de R. n. 39).

54) Aus demselben coem. Priscillae stammt das umstehende, der wohlverdienten 51 jährigen Prima gesetzte Monument. Der Lohn nach der irdischen Arbeit scheint mir auf demselben besonders hervorgehoben zu sein: durch den Zweig, den man nicht anders als von der Palme der triumphirenden Gerechten (apoc. 7, 9) wird verstehen können, und den Kranz, welchen der ΙΧΘΥΣ den bis in den Tod Getreuen (ap. 2, 10) giebt. Das Zeichen zwischen dem Zweige und dem Fische wird nicht sowohl als ein unvollkommenes ☧ als die zu diebus gehörige

PR|MMM FECIT PR|ME
VENEMERENTI QVAE VIXIT
ANNIS LI·MES IDVS V DIEBVS

Zahl 10 sein. Mesidus statt mensibus corrigirt sich leicht. Das erste Wort der Inschrift kann wohl kaum anders als PRIMVS lauten sollen. Das mitgetheilte Denkmal findet sich bei Bosio *R. S.* S. 505 Aringhi u. s. f. Das Original ist verloren (de R. n. 38).

AM I A N O C

55) Aus dem coem. Hermetis stammt nach Bosio *R. S.* S. 564 nebenstehende, im Original nicht mehr vorhandene Inschrift (de R. n. 40).

56) Das folgende, dem „ungefähr 8 Jahr alten Knaben
PRISCINO · PVERO · BENEMERENTI
IN PACE QVI VIXIT ANNIS PL. MI.
VIII. M. V.

Priscinus" gesetzte Grabmal wurde nach Boldetti (S. 371) im coem. Priscillae gefunden, ist jetzt nicht mehr vorhanden (de R. n. 36).

57) Gleichfalls verloren ist das Original der von Boldetti

   EMILIVS IN PACE
VIX·ANN·XV·D·III

(S. 453) mitgetheilten Inschrift aus S. Agnese. Das in Boldetti's Publication links beim Fische befindliche griechische Kreuz ist gewiss erst später hinzugefügt (de R. n. 37).

58) Nachstehendes Monument, dessen nachlässig geschrie-

PEΔHN
π π ⇐

bene Inschrift Lupi (*Ep. Sev. M.* S. 185) als den schönen Namen *Redempta* liest, befand sich ehemals im Kircher'schen Museum, ist jetzt nicht mehr im Original vorhanden. Vgl. auch Macarii, *Hagioglypta* S. 201 (de R. n. 35).

59) Folgende Grabschrift aus dem Cömeterium der Priscilla

BENEMERENTIRVSTICIANE
QVEANNORVM LIIII
MENSES X DIEBVS
XX IN PACE

mit der Darstellung eines betenden Weibes (des dort beigesetzten), einer Taube und eines Fisches theilt Boldetti (lib. II, c. 18, S. 573) mit. Lupi (*Ep. Sev. M.* S. 118. *Opp. post.* t. I, S. 177) sah dieselbe nur noch fragmentarisch in der Kirche S. Maria in Trastevere zu Rom. Vgl. auch Muratori S. 1934, 3. Die Symbole allein giebt Macarius a. a. O. S. 232. Den Namen der Verstorbenen lesen wir mit Marini (*Papiri diplomatici* S. 355) Rusticiana. Bei Lupi findet sich RVSIICINNAE. Im Uebrigen ist noch der Wechsel der casus in den das Alter der Verstorbenen betreffenden Angaben höchst merkwürdig (de R. n. 34).

Ganz besonders häufig erscheint der Fisch in Verbindung mit dem Anker, vornehmlich (wie wir im folgenden Abschnitt sehen werden) auf den geschnittenen Steinen, aber doch auch etwa 25 Mal auf den Grabschriften. Der Vf. des Hebräerbriefes nennt cap. VI, 19 die ἐλπίς eine ἄγκυρα τῆς ψυχῆς ἀσφαλῆ τε καὶ βεβαίαν u. s. f. Mag nun auch sonst bei den Griechen der Anker niemals ein Symbol der Hoffnung gewesen sein[1]) — bei den Christen war er es ohne Zweifel. So erklärt z. B. Ambrosius (zu Hebr. VI): *Sicut anchora jacta e navi non permittit eam circumferri licet venti commoveant eam sed jacta firmam facit navem, sic et fides spe roborata introducit nos in rerum speciem.* In gleicher Weise bemerkt Rufinus (zu Ps. 55): *Nauta quum timet tempestatem figit anchoram suam. Si nos anchoram spei fixam in Deo habuerimus nullam hujus mundi tempestatem formidabimus.*

Diese Bedeutung des Ankers als sinnbildliche Darstellung der christlichen Hoffnung bestätigen die Monumente. Es darf als allgemein anerkannte Thatsache betrachtet werden, dass häufig die den Grabschriften beigefügten Symbole eine Anspielung auf den Namen des Verstorbenen enthalten.[2]) So findet sich denn auch auf Inschriften, welche von Spes und ἐλπίς abgeleitete Namen enthalten, drei Mal der Anker: auf dem, einem gewissen Elpidius gesetzten Monumente (vgl. Maï, *Script. vet.* t. V, S. 449) und zwei noch nicht publicirten Inschriften aus dem coem. Priscillae, mit den Namen Elpizusa und Spes. In dem Cöm. des Praetextat fand de Rossi etliche Grabsteine ohne jegliche Inschrift, nur mit dem Symbole des Ankers versehen. Auf einem derselben war mit dem Querstriche des kreuzförmigen Ankers ein E verbunden. Dieser Buchstabe wird kaum anders als ἐλπίς zu erklären sein.

Wenn wir demnach wie schon Bosio[3]) den Anker als Sym-

---

1) Vgl. Münter, *Sinnbilder und Kunstvorstellungen*, S. 28.
2) Vgl. Cavedoni, *Mem. di Rel. e Lett. de Modena*, 2. serie, t. IX, S. 436. Derselbe, *Età delle nozze degli antichi crist.* S. 15. Marini bei Preller, *die Regionen der Stadt Rom*, S. 119. Bellermann a. a. O. S. 33. Boldetti S. 373. 376. 386. 428.
3) R. S. S. 645: *L'Ancora ci dinota la Speranza, che que' primi Christiani haveano fissa e ferma in Dio, per la quale non temeano le tempeste*

bol der gewissen christlichen Hoffnung verstehen, so werden wir in seiner Verbindung mit dem Fische eine Darstellung der in dem ΙΧΘΥΣ fest gegründeten Hoffnung zu erkennen haben, eine Verkörperung der bekannten (besonders auf Siegelringen häufigen) altchristlichen Formel: *Spes in Deo, Spes in Chrristo, Spes in Deo Christo*. Hat der Anker eine kreuzförmige Gestalt (wie z. B. auf dem als n. 62 mitgetheilten Monumente), so wird uns dadurch die sichere christliche Hoffnung als in Christi Kreuze beruhend bezeichnet werden sollen.[1]

Wir bemerken noch, dass der Anker zu den ältesten christlichen Symbolen gehört und als Erweis des hohen Alters einer Inschrift benutzt wird. So begegnet er uns z. B. auf den Gallischen Monumenten, die (wie schon bemerkt wurde) kaum älter sind als aus dem Ende des 4., Anfang des 5. Jahrhunderts und meist noch späterer Zeit angehören, überaus selten. Vgl. Le Blant, *Inscr. chr. de la Gaule*, t. II. n. 533. 548 A. Sonach gehören auch die mit Anker und dem Fisch versehenen Denkmäler einem hohen Alterthume an.

60) Wir beginnen die Reihe der Monumente mit dem Anker und dem Fische mit folgender nach dem Ausgeführten verständlichen, datirten Inschrift vom J. 234.

    TI · CL · MARCIANVS · ET
    CORNELIA · HILARITAS
    CORNELIAE · PAVLAE · PAR ·
    FECR · QVAE · VIX · ANN · X · DIEB
    VIII · DEC · X · KAL · AVG · MAX · ET
    VRB · COS.

e le fortune di questo mare del mondo; ed ancorchc fossero combattuti da' venti delle persecutioni; e che per queste vedessero tal volta ondeggiar la nave; erano però sicuri di non far naufragio: anzi di arrivar' al porto a suo tempo; e a goder l'istesso Dio, nel quale haveano sperato et del cui aiuto erano sicuri.

1) Der gleiche Gedanke ist schön ausgedrückt auf einer christlichen Gemme, auf der Spes, das Monogramm Christi und das Kreuz (in Gestalt

Sie stammt aus dem coem. des Hermes, wurde zuerst publicirt von Bosio, *R. S.* S. 564, Aringhi, *R. S.* t. II, S. 327 und zuletzt von de Rossi in seinen *Inscriptiones* t. I, n. 6, S. 10 (de R. n. 50).

D. M.
ΠΟΠΟΤΛΗΝΙΑ
ΑΡΕΘ ΑΝΗΜ·ΜѠ

61) Nebenstehende Inschrift „Populenia starb (im November?)" stammt nach Fabretti (*Inscript. antiq. explic.* S. 590 n. 57) aus dem coem. Helenae. Durch die ältere Ausdrucksweise „ἀπέθανεν" sowie D. M. erweist sie sich als vorconstantinisch. Gegenwärtig befindet sie sich in Urbino (de R. n. 46).

62) Nachstehendes Denkmal: „Ein Gläubiger von Gläubigen (stammend) Zosimus liege ich hier, der ich gelebt habe 2 Jahre 1 Monat 25 Tage" befindet sich gegenwärtig im Vat. Museum. Seiner Form nach gehörte es einem unterirdischen Cömeterium an. Sein Inhalt erinnert an 1 Kor. 7, 14.

ΠΙCΤΟC ΣΚΠΙC
ΤѠΝ ΖѠCΙΜΟC
ΕΜΘΑΔΣ ΚΣΙΜΕ (sic)
ΖΗCΑC·ΕΤΕCΙΝ
Β·ΜΗ·Α·ΗΜΕ·ΚΕ

Wir bemerken die kreuzformige Gestalt des Ankers. Sie wurde schon oben erwähnt. Früher erklärte man wegen solcher Kreuzesform den Anker ohne Weiteres als Kreuz Christi; besser bleibt man bei der eigentlichen Bedeutung des Ankers stehen und sieht das Kreuzförmige als Beigabe an.

Das besprochene Monument wurde publicirt von Muratori IV, S. MCMLXIV und genauer von Lupi *Ep. Sev. M.* S. 136 u. bei Perret, t. V, 21, n. 34 (de R. n. 53).

---

des T) folgender Maassen vereinigt erscheint SP ⳨ ES. Bei Marini, *Inscr. crist.*, Mss. S. 155, S. 5.

63) Denselben kreuzförmigen Anker mit dem Fische sehen wir auf einer lat. Grabschrift des Museo Olivieri zu Pesaro. Sie stammt nach Zaccaria's (bei Lupi *Opp. post.* t. I, S. 289) und Lami's (*Nov. Lett. di Firenze* 1749, S. 358, 3) Zeugniss aus dem coem. S. Priscillae zu Rom (de R. n. 54).

64) Im Museum zu Perugia befindet sich das folgende, früher

P · AELIVS · EVTV
CHES · AELIAE
EPICTESI · CON
IVGI · BENE
MERENTI · FECIT

in Florenz befindliche Monument. Wahrscheinlich gehört es ursprünglich nach Rom. Gori (*Inscr. Etr.* t. I, S. 200, n. 41) wird dasselbe wohl mit Recht zu den christlichen zählen. Es findet sich ausserdem mitgetheilt bei Gudius, S. 261, 7. Muratori IV, S. MDCCCXX. Malvasia, *Marm. Fels.* S. 307. Vermiglioli, *Iscr. Perug.* t. II, S. 459, n. 36 und anderwärts. (de R. n. 51).

65) DIONYSODORAE · FILIAE · DVLCISSIMAE
VICTORIA · MATER · FAVSTINVS · PATER
NICE · SOROR · VICTOR · FRATER

befindet sich auf dem Vat. Museum unter den heidnischen Inschriften, ist aber jedenfalls christlich, schon dem Fundorte nach: der Grabstein wurde 1767 aus dem Cömet. der Agnes ausgegraben. De Rossi glaubt eine ganze Familie von Inschriften dieser Katakombe zu kennen, welche sich durch gute Schrift wie Breviloquenz vor den andern auszeichnen, als Arbeit eines Meisters zu erkennen geben. Zu ihnen gehört auch das hier mitgetheilte Denkmal, das jedenfalls wenigstens in's dritte Jahrhundert gehört, wenn nicht älter ist. Aus der Copie Marini's (*Inscr. christ.* ms. S. 573, 14) ersah de Rossi, dass gegenwärtig ein Theil des Steines fehlt, auf dem sich ein Fisch und Anker befanden (de R. n. 52).

66) Umstehendes Fragment mit dem Fisch, dem kreuzförmigen Anker und einem Kreise, in welchem sich undeutbare

Zeichen befinden, gehört dem coem. de S. S. Nereo ed Achilleo vor Porta di S. Sebastiano an. Bei Bosio S. 216, Aringhi t. II, S. 522 (de R. n. 66).

67) Aus dem coem. Praetextati stammt folgende Grabschrift, in deren Mitte wir einen Fisch und zu jeder Seite desselben einen Anker wahrnehmen. In der Verdoppelung dieses letzteren Symboles werden wir nichts Sonderliches zu sehen haben. Der Künstler wollte damit damit wohl nur einer geschickten Anordnung Rechnung tragen. Vgl. über das erwähnte Monument Marangoni, *Acta S. Victorini* S. 107 (de R. n. 56).

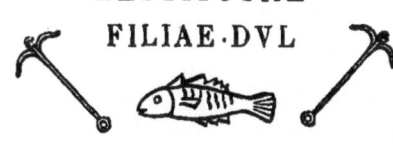

PELAGIAE
RESTITUTAE
FILIAE·DVL

68) Die gleichen Symbole begegnen uns auf einem latein. Epitaph aus dem coem. Saturnini zu Rom. Der Fisch ist etwas leichter eingehauen, wohl von einer anderen Hand. Ein **D. M.** suchte man nachträglich zu tilgen. De Rossi hält dieses gegenwärtig in der Kirche S. S. Cosmas und Damian zu Anagni befindliche Monument entschieden für christlich. Vgl. Marangoni a. a. O. S. 151 (de R. n. 58).

69) Eine doppelte Bezeichnung Christi haben wir vor uns, wenn wir auf nachstehendem Denkmal das ☧ zu dem Fische

AEMILIA CYRIACE
(sic) DECESSIT DIE Y KAL
(sic) SCPI OYAE VIXIT
ANN XVI MENS VI
DIES VIII EVKARPVS
PATER ET SECVNDA MATER
FECERVNT BENEMERENTI

treten sehen. Im Uebrigen ist die Erklärung einfach, wenn man die vom Steinmetz verhauenen Buchstaben (bes. Y statt V, O statt Q) stillschweigend verbessert. Das Original dieser im Garten der Bettelmädchen in Rom gefundene Inschrift ist verloren gegangen. Doch befindet sich eine genaue Copie Lupi's auf dem Vatican. Weniger treu giebt Fabretti (S. 569, n. 129) dieses Monument (de R. n. 48).

70) Oderici *Dissertationes et adnotationes in aliquot ineditas vett. inscr. et numismata* (Rom 1765) S. 43 entnehmen wir folgende Inschrift mit dem doppelten ☧, dem Anker und dem Fische:

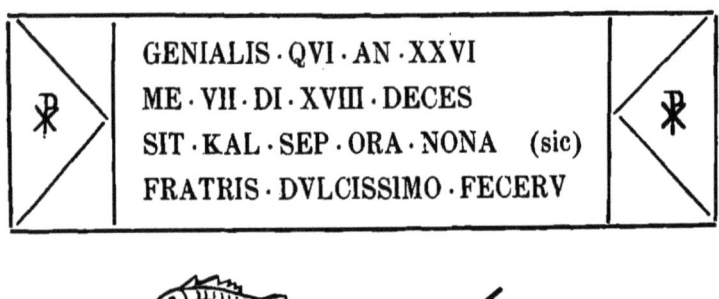

Man vgl. für dieselbe auch Zaccaria *Ann. Lett.* Bd. I, 2. Theil, S. 206). Der Fundort ist unbekannt. Einst befand sie sich zu Rom im Besitze der Barberini. Sie ist verloren (de R. n. 47).

71) Eine ähnliche Doppelbezeichnung Christi, wie durch Fisch und ☧, haben wir vor uns, wenn wir auf dem umstehenden titulus des schon S. 21 erwähnten Sarcophages das Bild des guten Hirten ausser dem Fische dargestellt sehen.

Bosio publicirte zuerst dieses Monnment S. 89 seiner *R. S.* (nach ihm Aringhi t. I, S. 321), das wegen der Einfachheit und Eleganz seiner Inschrift Zweifel über seinen ursprünglich christlichen Character hervorrief. So erklärten denn auch Reinesius (*Syntagma inscriptionum ant.* Lpz. u. Frankfurt 1682. Cl. XV, n. 8) und Raoul-Rochette (*Mémoire de l'Acad. des inscript.* t. XIII, S. 107, 108 u. 224) das Denkmal für heidnischen Ursprungs. Die Schrift beziehe sich auf eine heidnische Verstor-

```
    LIVIA NICARVS
    LIVIAE PRIMITIVAE
    SORORI        FECIT
    Q·V·AN·XXIIII.MVIIII
```

bene.¹) Ein christlicher Besitzer des Sarcophags habe dann erst später die drei christlichen Symbole hinzufügen lassen. Dieser Fall stände jedoch in der christlichen Archäologie ganz einzig da. Der Augenschein lehrt, dass Schrift und Symbole dieses Denkmals derselben Zeit angehören, vielleicht von einer Hand gefertigt sind. Wir bemerken noch, dass das Bildwerk dieses Sarcophags nicht, wie sonst fast stets, erhaben gearbeitet, sondern wie auf den Inschriften eingehauen ist, sich nur auf dem titulus befindet. Der übrige Raum ist (wie in der obigen Abbildung angedeutet) durch einfache Windungen ausgefüllt. Von dieser Einfachheit sind die Steinsärge des 4. Jahrhunderts und der Folgezeit weit entfernt. Sie sind mit den Geschichten beider Testamente bedeckt, die meist Gottes Allmacht in's Licht stellen, bei dem kein Ding unmöglich ist. Von dem IXΘΥΣ als Symbol Christi haben sie in der Weise unseres eben besprochenen Sarcophags durchaus nichts. Höchstens werden wir später noch den Fisch als zur Mahlzeit aufgetragen auf Sarcophag-Reliefs

---

1) Namen auf us fem. gen. sind der Alexandr. Gräcität eigenthümlich, so Σαραπούς im *Corp. Inscr.* 4826; Tesneus in *Classis Misenensis monum.* n. 161 (Maffei, *Mus. Ver.*, 4777); Euphrantus ebenda n. 202; Myrismus, Maffei, a. a. O., 2552, Vgl. Macarius, *Hagiogl.* S. 242 f.

antreffen. Sonach wird unser Monument in das höchste christliche Alterthum zu setzen sein (de R. n. 45).

72) Aus Nachlässigkeit oder Irrthum sei es geschehen, erklärt de Rossi, wenn uns auf zwei Monumenten der Fisch (in unserer n. ein Delphin) mit dem Dreizack statt dem Anker verbunden, begegnet. Beide seien der äusseren Form nach so überaus ähnlich. Da man sich in der That an Versehen (Verhauen) der Steinmetzen beim Studium der christlichen Inschriften gar sehr gewöhnen muss, so werden wir dem grossen Epigraphiker in seinem Urtheil wohl beistimmen müssen. Wir finden auf dem ersten dieser zwei Monumente (publicirt von Marangoni *A. S. V.* S. 133 und Bened. Passionei (*Inscr. Ant.* S. 113, 14) den Delphin am Dreizack, das ☧ und AVRELIO PARA
Es gehört dem coem. Praetextati an, TO · BENEME
befindet sich in fragmentarischer Ge- RENTI IN PACE ⌓
stalt gegenwärtig in Vat. Museum
(de R. n. 64).

73) Das nebenstehende Fragment mit dem Dreizack, Fisch, Vögelein und den Buchstaben A S theilt Bosio *R. S.* S. 216, Aringhi t. II, S. 522 als aus S. Nereo ed Achilleo stammend mit (de R. n. 65).

74) Eine lateinische Grabschrift, nach Gori (*Inscr. Etr.* t. III, S. 356) aus dem coem. Cyriacae stammend, hat als Inschrift nur den Namen ROMANVS in überaus guten Buchstaben. Von Symbolen bemerken wir auf derselben zwei Anker, in deren Mitte eine Taube und ein Fisch, sowie eine Weintraube sich befindet. Ihre Bedeutung ist klar. Gori giebt dieses Monument ungemein ungenau wieder. Es gehört allem Anscheine nach wenigstens in's 3. Jahrhundert. Gegenwärtig befindet es sich in einer Hauskapelle zu Rom (de R. n. 57).

75) Umstehendes Monument stammt nach Marangoni (*Acta S. Victorini* S. 111) aus dem coem. Praetextati. Das Original

VLPIVS RESTITVTV(s)
DORMIENTE IN PACE

ist gegenwärtig nicht mehr vorhanden. So eng wie auf vorliegendem Epitaph erscheint sonst nirgend die Verbindung des Fisches und des Ankers (de R. n. 55).

76) Eine lat. Inschrift mit Fisch, Anker, Taube, die einen Oelzweig im Schnabel trägt, befand sich ehemals zu S. Salvatore in Lauro zu Rom, ist jetzt verloren. Eine Copie findet sich im *Codex Vatic.* 5253, S. 251. Ohne die angeführten Symbole giebt diese Inschrift Aldus *Orthogr.* S. 482, 2, Gruter *Inscr. ant.* 1691, 3 (unter den heidnischen Denkmälern), Muratori, 1691, 3 (de R. n. 49).

77) Nebenstehenden nur mit den Darstellungen eines Fisches, Ankers, Vogels und Geblüms irgend welcher Art versehenen Grabstein (ohne jede weitere Inschrift) giebt als aus dem coem. Cyriacae stammend d'Agincourt *Sculpture*, Tafel 7, n. 21 (de R. n. 68).

---

78) Die Form des auf der folgenden Seite abgedruckten Denkmals aus Travertin weicht von der anderer christlicher Grabmonumente bedeutend ab, ist die des heidnischen cippus. Dasselbe wurde nach Marini (*Inscr. christ. ms.* S. 524, 5) im

AEGRILIVS J. 1795 in der Nähe des Grabmals der Caecilia
BOT...TVS Metella an der Via Appia ausgegraben. Mariui
PHILADES hält es trotzdem für christlich, da jedes heid-
POTVS DVL nische Anzeichen in der Inschrift fehlt,[1]) und
CISSIMVS die Symbole sich am Leichtesten christlich er-
ET · PIENTIS klären lassen. Der 6fach getheilte Kreis soll
SIMVS · SVI jedenfalls Brod darstellen, wird den bezeichnen
PARENTES sollen, der sich selbst (Joh. 6, 48) das Brod
FECERVNT des Lebens nannte, das dem davon Geniessen-
VIXIT · AN den zur Unsterblichkeit gereiche (Joh. 6, 50).
VIIII · D · XL Auch dem Cav. de Rossi steht der christliche
M . S . ⊕ Ursprung dieses Denkmals fest. Und so ist es
denn gegenwärtig im Museo crist. di S. Giov.
in Lat. aufgestellt (de R. n. 62).

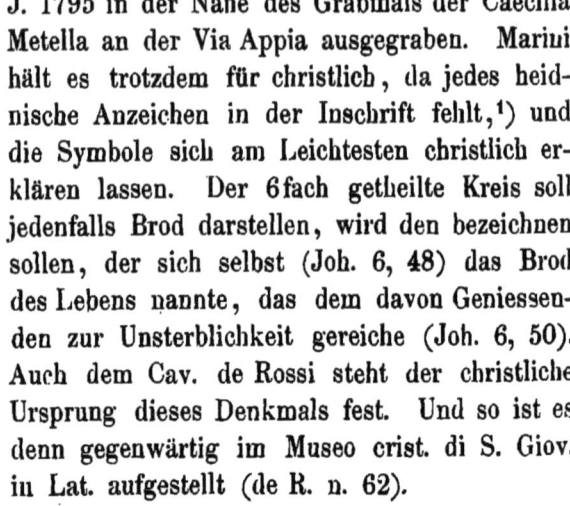

Wenn de Rossi die Verbindung des Fisches und der Taube als Verkörperung der Formel *Spiritus tuus in Christo* erklärte, so fügt er doch bescheiden hinzu,[2]) er wolle doch auch die Deutung nicht verwehren, dass der Fisch den im Taufwasser wiedergeborenen Christen bedeute (Tert.: *nos pisciculi secundum* IXΘΥN *nostrum Jesum Christum in aqua nascimur*) und der Vogel ebendenselben darstelle, wie er losgelöst von den Banden des Körpers zum Himmel eilt, woselbst er mit Christus vereinigt im Frieden der ewigen Herrlichkeit lebt. Wir machten von dieser Erklärung bisher keinen Gebrauch.

Wie stellt sich nun aber die Sache, wenn uns nicht ein Fisch, sondern Fische auf einem Monumente begegnen? Schon Costadoni bemerkte in seiner den *pesce come simbolo di Gesù Cristo* betreffenden „Dissertazione" (S. 299), zwei Fische

---

1) Das Monument gilt einem 9 J. 40 Tage alten Knaben Aegrilius (oder vielmehr Aegrillus? — ein von aeger abgeleitetes cognomen, bei Gruter 521, 4) Bot...tus Philadespotus (der nicht den δέπoτoς liebt, bei Gruter 697, 4), der als pientissimus und dulcissimus bezeichnet wird. Das M·S· am Schluss weiss ich nicht anders als *Memoriae Sanctae* zu erklären.
2) Vgl. *Bull. di arch. crist.* 1864, S. 12.

fänden sich häufig einzig um der geschickten Anordnung Rechnung zu tragen. Dem müssen wir beistimmen. Begegnen uns doch auch sonst in der altchristlichen Kunst Beispiele von Verdoppelung der Symmetrie wegen, wo wir eigentlich den betreffenden Gegenstand uns nur einmal zu denken haben. So erscheint z. B. auf einem Deckengemälde des coem. S. S. Pietro e Marcellino Noah in seinem Kasten, zu dem (offenbar nur der Anordnung wegen) rechts und links eine Taube mit dem Oelzweige eilt.¹) So geben wir denn zu, dass zuweilen aus diesem Grunde der Fisch (wie auch der Anker und andere Symbole) auf den Grabmonumenten verdoppelt wurde. Es findet das sicher etwa auf folgenden zwei Epitaphien statt:

79) Der nebenstehend in Facsimile mitgetheilte, 1,70 Met. lange Grabstein befand sich noch im J. 1851 an seinem ursprünglichen Bestimmungsorte als Verschluss eines Grabes im coem. Praetextati. Gegenwärtig ist derselbe im Lat. Museum, in der Halle der christlichen Sarkophage, aufgestellt. Der Pfau ist Symbol der Unsterblichkeit.²) Die Brode sind leicht als Himmelsbrod verständlich (de R. n. 75).

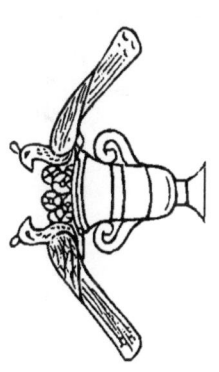

80) Im Cömeterium des Petrus und Marcellinus fand de Rossi folgende, ungefähr dem 3. Jahrhundert angehörende Inschrift,

CLODIO SAL.... dVL
CIS · SI · MofIL
ME · SO · RVm xxxIı
IS · PI · RituS
IN · BOno

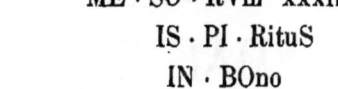

die er aus vielen zerstreuten Bruchstücken

---
1) Bei Bosio *R. S.* S. 343.
2) Vgl. Münter *Sinnbilder* S. 91, Martigny *Dict.* S. 500.

zusammensetzte. Bei der im Uebrigen nicht schwierigen Erklärung (ispiritus = spiritus, mesorum statt mensium!) darf man sich durch die trennenden Punkte nicht irre führen lassen (de R. n. 23).

Wir sind im Zweifel, ob wir solche Verdoppelung der Symmetrie wegen auch bei folgenden fünf Inschriften anzunehmen haben, wo sich zwei Fische rechts und links zur Seite eines Ankers befinden. Pitra's Erklärung,[1]) dass wir hierin Christus am Kreuze (kreuzförmige Gestalt des Ankers) in seiner zweifachen Natur (welch' häretische Darstellnng wäre solch ein blosses Nebeneinander derselben!) oder seiner Verkündigung im alten und neuen Testamente zu erkennen haben, bedarf keiner Widerlegung. Man kann jedoch auch sehr gut unter den Fischen die in das Leben des ΙΧΘΥΣ durch die Taufe hineingeborenen Christen verstehen, die in der Schrift und besonders der alten Kirche so häufig Fische genannt sind. Der Sinn ist dann nach Bosio (S. 644): sie seien solche, die als gute Fische für das Leben erlesen sind (Mat. 13, 48), der Verstorbene *bonus piscis a Salvatore nominatur, qui etiam mittitur in vas* (Orig. hom. VII in Lev. c. X). Diese Erklärung findet eine sehr beachtenswerthe Unterstützung durch die n. 10 mitgetheilte In-

---

1) *Spicil. Solesm.* Bd. I, S. 559.

schrift, die wir umstehend noch einmal abgedruckt haben. Es ist doch wohl das einzig Natürliche, in den Fischen die in der Inschrift erwähnten Lebendigen d. h. die im Leben Christi stehenden Christen dargestellt zu sehen.

81) Die nebenstehende griechische Inschrift stammt nach Boldetti (S. 370) aus dem coem. Priscillae. Bei Muratori IV, S. MCMVIII, 8. Wir geben den Text nach Pitra's Spicil. Solesm. Bd. I, S. 559.

Maritima, Du ehrwürdige, hast das süsse Licht
    nicht verloren.
Denn Du hattest bei Dir alles schlechthin
    Unsterbliche
Denn Deine Frömmigkeit führt Dich allezeit
    vorwärts.

Vielleicht wurde nicht ohne Beziehung auf den Namen der Verstorbenen (Maritima) der Anker und die Fische auf dieses Monument gesetzt. Das Original ist verloren (de R. n. 60).

ΜΑΡΙΤΙΜΑ ΣΕΜΝΗ ΓΛΥΚΕΡΟΝ ΦΑΟΣ ΟΥΚΑΤΕ ΛΕΙΨΑΣ
ΕΣΧΕΣ ΓΑΡ ΜΕΤΑ ΣΟΥ (ein kreuzförmiger Anker ΠΑΝ ΑΘΑΝΑΤΟΝ ΚΑΤΑ ΠΑΝΤΑ
    mit zwei Fischen)
ΕΥΣΕΒΕΙΑ ΓΑΡ ΣΗ ΠΑΝΤΟΤΕ ΣΕ ΠΡΟΑΓΕΙ

82) Die gleichen Symbole begegnen uns auf einer gleichfalls verlorenen lat. Grabschrift aus dem coem. Callisti. Bei Boldetti S. 366, Münter *Sinnbilder* Tafel I, 19 (de R. n. 19):

EVTYCH   IANETI

83) Ebenfalls die gleichen Symbole trägt das lat. Epitaph im Besitze des Klosters S. Paolo fuori le mura bei Rom, das aber jedenfalls aus den unterirdischen altchristlichen Begräbnissstätten stammt. Nicolai (*Basil. Ostiense* S. 159 n. 259) publicirte dasselbe, ohne die Symbole zu erwähnen (de R. n. 61).

84) Auf einem Fragmente im Besitze der Kgl. Bibliothek zu Turin befindet sich nach Le Blant (a. a. O. t. II, S. 312, Anmerkung) ein Anker lothrecht zwischen zwei Fischen.

85) Eine im Original nicht mehr vorhandene Gallische Inschrift mit zwei Fischen und dem Anker führt Le Blant a. a. O. n. 551 B auf. Derselbe ist aber über ihren christlichen Ursprung nicht ganz sicher. Der in Gallien im Allgemeinen so seltene Anker würde das hohe Alter dieses Denkmals erweisen.

Entschieden glauben wir jede andere Erklärung der Fische als für Darstellungen der Christen, die zum ewigen Leben, in welches sie durch die Taufe geboren, für das sie durch das eucharistische Brod genährt, erlesen sind, auf den nun aufzuführenden Monumenten abweisen zu müssen.

86) Olivieri (*Marmora Pisaurensia* S. 70, n. 175) theilt folgende, aus den römischen Katakomben stammende Grabschrift mit:

            HILA
(Ein Hahn) RO DVLCl (Ein Hahn)
      (Zwei Fische)

Der Hahn wird auf einem Grabmonumente als Symbol der Auferstehung zu erklären sein. Man vgl. Martigny, S. 176. Das Original ist in Pesaro jetzt nicht mehr zu finden (de R. n. 41).

87) Nachstehendes Monument des Oberlin'schen Museums zu Strassburg befand sich noch im J. 1727 in der Villa Giustiniana zu Rom. Es ist publicirt von Schöpflin, *Alsatia illustr.*

t. I, S. 601 und in *Mus. Schöpflini* S. 72. Welcker druckte die Inschrift ab in *Syll. epigr. graecorum* S. 115.

Mit Verbesserung der Orthographie lesen und übersetzen wir:

Ἐνθάδε κεῖμαι βρέφος κοινοῦ βιότοιο ἄμοιρος,
Hier liege ich, ein Kind, des gemeinschaftlichen Lebens untheilhaftig,
Ἡδίστου πατέρος καὶ μητέρος εὐμορφίης,
Des süssesten Vaters und der Mutter, der schöngestaltenen,
Πρωτότοκον, διετὲς, θεῷ μεμελημένον ἡδύ,
Erstgeborenes, zweijährig, Gotte am Herzen liegend als ein süsses,
Ἡλιόπαις, λιπὼν(?) γλυκεροὺς χρηστούς τε τοκῆας.
Heliopais, verlassend(?) die süssen und braven Eltern.

Θεοῦ ΤέΚνοΝ.
Ein Gotteskind.

Raoul-Rochette erkennt mit Recht den christlichen Character dieses Monumentes aus den auf demselben angebrachten Symbolen (*Mémoire de l'Acad. des inscr.* t. XIII, S. 129). Er ist jedoch auch aus den Worten selbst ersichtlich. Offenbar hatte das von christlichen Eltern abstammende Kind Heliopais (wie Chrysopais — Maffei, *Verona ill.* t. I, n. 39, S. 18 — gebildet) die Taufe erhalten, ist so ein Kind Gottes (v. 3 und Schluss) (de R. n. 26).

88) Nachstehendes Monument ohne jede weitere Inschrift,

nur mit dem Portrait des Verstorbenen, einem Vogel und zwei Fischen versehen, befindet sich im *Mus. crist. di S. Giov. in Lat.* In welchem Cömeterium dasselbe gefunden wurde, ist nicht bekannt (de R. n. 72).

89) Die nachfolgende, in jeder Beziehung barbarische Grabschrift, deren von den sonst hier mitgetheilten Inschriften unterschiedener Character sofort zu Tage tritt, wurde im J. 1818 in der Abtei St. Maximin zu Trier gefunden.

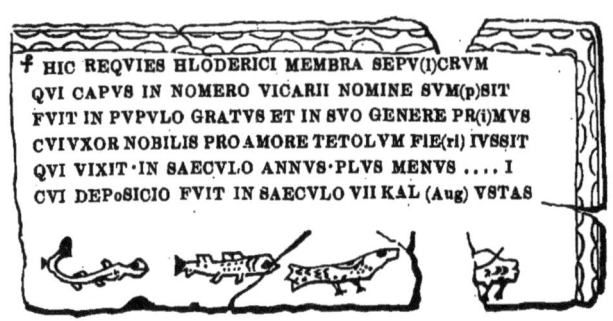

☩ HIC REQVIES HLODERICI MEMBRA SEPV(l)CRVM
QVI CAPVS IN NOMERO VICARII NOMINE SVM(p)SIT
FVIT IN PVPVLO GRATVS ET IN SVO GENERE PR(i)MVS
CVI VXOR NOBILIS PRO AMORE TETOLVM FIE(ri) IVSSIT
QVI VIXIT·IN SAECVLO ANNVS·PLVS MENVS I
CVI DEPoSICIO FVIT IN SAECVLO VII KAL (Aug) VSTAS

„Hier ist Ruhe verliehen den Gliedern des Hlodericus im Grabe,
„Der geliebt (?) in der Menge die Würde eines Vicarius übernahm.
„Er war beliebt beim Volke und in seinem Stamme der Erste.
„Ihm liess seine adelige Gemahlin aus Liebe diese Grabschrift
　　　　　　　　　　　　　　　　　　　　　verfertigen.
„Er lebte in der Zeitlichkeit Jahre ungefähr (?) 1.
„Seine Beisetzung geschah in der Zeitlichkeit am 7. Tage vor
　　　　　　　　　　　　　den August-Kalenden."
Steiner beschreibt dieselbe, wie folgt:[1]) „Sie ist auf einer oblongen, weissen Marmorplatte von beträchtlicher Dicke nicht sowohl eingemeisselt als eingekratzt. Als von dem römischen Schrifttypus einigermassen abweichend erscheinen hier die Lettern A und B, das eckige C und das verjüngte X (x). Von den an die Schriftweise des späteren Mittelalters erinnernden Formen zeigt sich hier keine Spur. Im Ganzen findet man als vorherrschend die Nachbildung eigentlich römischer Schriftweise." Die Fische und Vögel sind mit einer zu dem Ganzen passenden Ungeschicklichkeit dargestellt. Steiner setzt dieses Monument in das 5., Le Blant (a. a. O., t. I, n. 261, Tafel n. 163) in das 6. oder Anfang des 7., Pitra (im Nachtrage zu de Rossi's Katalog im *Spicil. Solesm.* t. III, n. 108) in das 4. (!!) Jahrhundert. Le Blant wird wohl recht gesehen haben.

---

1) Steiner, *Sammlung und Erklärung altchristlicher Inschriften* S. 5.

90) Als Seitenstück aus später Zeit (dem 5. Jahrh. etwa) mögen die von Münter, *Sinnbilder*, Tafel I, 24 u. 25 publicirten Grabsteine aus Curubi unweit Tunis, die sich dort neben heidnischen Gräbern fanden, genannt werden. Wir sehen auf denselben Fische mit monogrammatischen Kreuzen, die in Kreisen eingeschlossen sind, abwechseln. Eine weitere Inschrift findet sich nicht. Von dem Geheimsymbol des ΙΧΘΥΣ ist hier wohl nichts zu sehen. Hauptzweck der Darstellung war wohl der Schmuck. Dass uns Christen durch die Fische vorstellig gemacht werden sollen, ist wahrscheinlich.

VALERIE MA
(sic) RIEM VALERI
VS EPAGATʜvs
CONSERVE
SORORI ET
CONIVGI ǫᴜᴀ
(sic) CVA VIXIT AN
XXXVIII VV Pos

91) Das nebenstehende Monument gehört Ravenna an, ist publicirt von Spretus *De amplit. et eversione urbis Ravennae* t. I, S. 224 n. 107. Man kann wohl zweifelhaft sein, ob es den christlichen Grabschriften beizuzählen sei. Das Hauptargument für seinen christlichen Character wird das Fehlen eines specifisch heidnischen Anzeichens sein müssen. M M statt D M könnte man sogar mit Absicht gesetzt haben.

Auf den uns noch übrigen Monumenten werden wir sofort an das Wunder der Speisung von Tausenden mit einigen Broden und Fischen erinnert werden, zumal wenn, wie bei n. 91 u. 92, die Zahl der Brode und Fische mit den Angaben der ev. Berichte übereinstimmt. Hinlänglich steht die von der alten Kirche gemachte Beziehung dieser wunderbaren Speisung auf das eucharistische Mahl fest.[1]) So werden wir also auch an dieses zu

---

[1]) Vgl. z. B. Martigny *Dictionnaire* S. 244, de Rossi in s. *Bull.* Oct. 1865 bei Besprechung der neu entdeckten altchristl. Gemälde zu Alexandrien, sowie unsere Ausführungen im fünften Abschnitte.

denken haben. Doch auch dabei werden wir nicht stehen bleiben dürfen, sondern nach Anleitung des unter n. 93 mitzutheilenden Monumentes unter den Fischen wiederum die Christen selbst verstehen müssen, die mit dem Brode des Lebens genährt werden und durch solches Essen leben werden in Ewigkeit (Joh. 6, 58).

92) Das nebenstehende Monument wurde im J. 1845 (?) im coem. des Hermes gefunden, gehört gegenwärtig dem Kircher'schen Museum zu Rom an. Die Zahl der Brode und Fische stimmt mit dem Berichte des Matthäus von dem ersten Speisungswunder, cap. 14, 17 (de R. n. 71).

93) In Modena wurde im J. 1862 folgende Grabschrift ausgegraben.

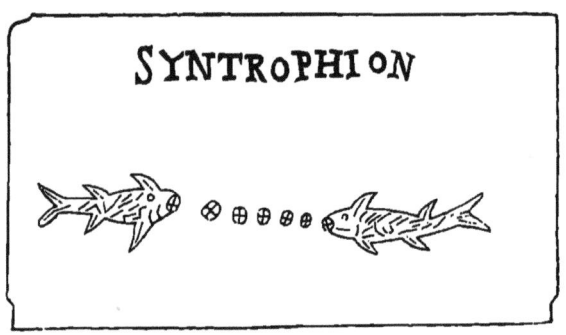

Cavedoni schreibt von ihr: „Oben steht nur der Name des Todten, so dass darunter viel Platz blieb (falls man wollte), andere Worte hinzuzufügen. Die Form der Buchstaben, die Orthographie geben guten Grund, das Epitaph in's 3. Jahrhundert zu setzen, der durch die hinzugefügten Symbole noch verstärkt wird." Die Fische haben 2 Brode im Munde. *Essi adunque non sono i pesci del nudo e materiale racconto evangelico, ch' erano cotti ad uso di cibo; ma pesci vivi e direi quasi immedesimati col pane che stringono nelle loro fauci, allusione al nesso arcano fra il pane ed il pesce e simbolo dei fedeli*

(pisciculi) che si pascono del pane divino.[1]) Die Zahl der Brode stimmt mit dem Berichte des Matthäus von der zweiten wunderbaren Speisung, cap. 15, 34 f.

94) Als letzte der Inschriften mit dem Fische oder Fischen geben wir nebenstehende aus dem coem. S. Lucinae, die de Rossi für eine der ältesten hält, die in Original oder Abschrift überhaupt auf uns gekommen sind,[2]) die gewiss der ersten Hälfte des 2. Jahrh. angehört. Die Vertauschung des V mit B ist dieser Zeitbestimmung nicht entgegen (Marini, *Atti e monum. de' fratelli Arvali* S. 368). Wir lassen es dahingestellt sein, ob wir in den Symbolen dieses Denkmals eine Anspielung auf eine der wunderbaren Speisungen vor uns haben oder nicht. Dass die Zahl der Brode mit keiner in den ev. Berichten stimmt, würde — wie andere Denkmäler beweisen — solche Beziehung nicht hindern. Jedenfalls jedoch sollen uns Christen durch das Bildwerk dieses, ohne Zweifel christlichen, Epitaphs vorstellig gemacht werden, die kraft der eucharistischen Speise auf Auferstehung und ewiges Leben hoffen. — Das mitgetheilte Monument besteht aus einem langen Steine, der nur in der Mitte und zum kleinsten Theile in obiger Weise beschrieben war. Boldetti's Publication (*Osserv.* S. 51) ist ungenügend. De Rossi theilte in seiner *R. S.* Bd. I, S. 186 Marangoni's Copie mit, die wir hiermit wiedergegeben haben (de R. n. 63).

```
DORMITIONI
T·FLA·EVTY
CHIO·QVI VI
XIT·ANN·XVIIII
MES·XI·D·III
HVNC  LOCVM
DONABIT·M·
ORBIVS HELI
VS · AMICVS
KARISSIMVS
KARE     BALE
```

Damit stehen wir am Schlusse des Kataloges der Inschriften, auf denen etwas vom Fische zu finden ist. Wir haben die mit den Fischen mitaufgeführt, weil man in einigen Fällen in Bezug auf die Erklärung derselben mit Recht in Zweifel sein kann und damit deshalb dem Leser die Entscheidung selbst

---

1) De Rossi *Bull. di arch. cr.* 1865 S. 75. Daselbst findet sich auch eine Publication des mitgetheilten Monumentes.
2) *R. S.* t. I, S. 186.

möglich sei. Der Fisch und die Fische sind ja überhaupt auf das Engste verwandt, seit der ΙΧΘΥΣ der Fische, die Menschen sind, Natur annahm, damit sie dem Fische ähnlich würden, der Θεοῦ Υἱός ist.

Schliesslich bemerken wir noch, dass Delphine, die mit Seepferden und anderen Meerungeheuern abwechselnd, sich sehr häufig auf Sarkophagen finden (meist auf dem Deckel rechts und links vom titulus) mit dem ΙΧΘΥΣ nichts zu schaffen haben. Als unschuldiger und gewohnter Schmuck wurden sie aus dem Heidenthume herübergenommen. Ob man sie nachträglich dann etwa irgendwie christlich interpretirte, wollen wir nicht entscheiden,[1]) jedenfalls ist an eine Beziehung auf die Person Christi durchaus nicht zu denken. Datirte derartige Sarkophage[2]) gehören den Jahren 238, 345, 353, 355 an. Die übrigen[3]) stammen aus etwa gleicher Zeit. Delphine, die gleichfalls nur dekorative Bedeutung haben, werden uns auch auf den Wandgemälden der Katakomben, im fünften Abschnitte dieser Abhandlung, begegnen.

---

1) Vgl. Bellermann, *die ältesten Begräbnissstätten*, S. 32.
2) De Rossi, *Inscript.* t. I, S. 56, 72 u. s. f.
3) Siehe z. B. Bosio *R. S.* S. 59, de R. *R. S.* Bd. I, Tafel 30, 31. In Urbino befindet sich ein interessantes Grabmal eines christlichen Verfertigers von dergleichen Sarkophagen mit Delphinen, publicirt von Fabretti *Inscr. ant.* S. 587, abgedruckt von d'Agincourt *Sculpture* VIII, 19 und Jahn in den *Berichten der Kgl. Sächs. Gesellschaft*, phil.-hist. Kl. 1861, Taf. VII.

Vierter Abschnitt.

Der Fisch auf den vertieft geschnittenen Steinen und Siegeln, den Gläsern, den Lampen, als Amulett.

„Unsere Siegelringe," räth Clemens von Alexandrien (*Paed.* lib. III, c. 11), „mögen eine Taube darstellen oder einen Fisch oder ein mit günstigem Winde segelndes Schiff oder eine tönende Leyer (wie auf des Polycrates Ringe) oder einen Schiffsanker (den Seleucus sich hatte eingraben lassen), und wenn einer ein Fischer ist, der erinnere sich des Apostels und der aus dem Wasser gezogenen Kinder." Die hier erwähnten Symbole begegnen uns thatsächlich wiederholt auf den uns erhaltenen geschnittenen Steinen der alten Kirche. Ehe wir zur Aufzählung der uns hier interessirenden, mit dem Fische oder Fischen (verbunden mit dem Anker und dgl.) versehenen Gemmen und Siegel schreiten, müssen wir im Allgemeinen bemerken, dass bei dieser Art von Monumenten des Alterthums die Angaben über Ursprung, Alter des einzelnen zur Besprechung vorliegenden Gegenstandes nur ungemein unvollkommen und dürftig sein können. Wohl auf keinem Gebiete sind die Fälschungen so zahlreich gewesen und mit so glücklichem Erfolge unternommen worden, als dem der geschnittenen Steine.[1] Sehr wesentlich

---

[1] Wir haben uns deshalb in dem nachfolgenden Kataloge einer möglichst grossen Vorsicht befleissigt, verhältnissmässig nur wenig Monumente de Rossi's Aufzählung beigefügt. Besonders gilt dies von den schon früher publicirten Gemmen. Offenbar unächt ist z. B. die bei Mamachi III, § 3 u. Tafel II, Fig. 8 abgedruckte, mit dem Delphin, A u. Ω, der Ueberschrift

trug dazu bei das, besonders im vorigen Jahrhundert, so allgemein verbreitete Interesse für diese so zierlichen Kunstprodukte der antiken Welt. Wo die betreffenden Gemmen gefunden wurden, wie sie allmälig in den Besitz dieses oder jenes Museums oder Privatmanns übergingen, wird sich fast nie nachweisen lassen. Viele waren wohl ununterbrochen in Gebrauch, besonders der für Siegelringe bestimmten Steine bediente man sich häufig im Mittelalter.[1]) Es brachte dies ja die Natur der Sache bei meist auch dem Material nach so kostbaren Gegenständen mit sich.

Eine Zeitbestimmung ist auf diesem Gebiete im Allgemeinen nur nach der Güte der Arbeit möglich. Die mit dem Fisch versehenen Gemmen sind mit Leichtigkeit von den Produkten des 6. und 7. Jahrhunderts zu unterscheiden. Ringe, die man in Begräbnissstätten in oder bei Kirchen gefunden hat, haben niemals etwas vom symbolischen ΙΧΘΥΣ. Auf den meist bleiernen Siegeln dieser Zeit findet sich keines der von Clemens Alex. erwähnten Sinnbilder. Dagegen erscheint auf ihnen fast schon vom 4. Jahrhundert ab das blosse Kreuz. Eine Verbindung dieses nachconstantinischen Siegeszeichens mit dem Geheimzeichen des ΙΧΘΥΣ begegnet uns nirgend.[2])

Wir beginnen wieder mit den das Anagramm ΙΧΘΥΣ — das einfache Wort-Bekenntniss zu Christo als Gottes Sohn und Heiland — enthaltenden Steinen, und gehen dann zu den dasselbe durch die bildliche Darstellung eines Fisches ausdrückenden und

---

ΙΧΘΥΣ. ' Vgl. Garrucci in Macarii *Hagioglypta* S. 168, Anmerkung. In's 2. oder 3. Jahrhundert (Perret) gehört auch wohl ganz gewiss nicht der weisse Chalcedon mit dem Christuskopf, der denselben erklärenden Umschrift und dem Fische, abgedruckt auf dem Titelblatte von Raoul-Rochette's *Catacombes* und bei Perret, t. IV, pl. XVI, n. 47. Beide hat de Rossi unberücksichtigt gelassen. Dagegen glaubten wir den von Lupi *Ep. Sev. M.* S. 64 mitgetheilten Onyx (vgl. in Nachfolgenden n. 38) aufführen zu müssen, wennschon de Rossi im Kataloge desselben nicht gedenkt. Gegen seine Aechtheit wird sich schwerlich etwas einwenden lassen. Freilich ist das Original verloren.

1) Vgl. die Notiz im *Bull. dell' Ist.* 1853, S. 149 und Piper, *Myth. und Symbolik* Bd. I, 1, S. 62 und 508.

2) Wir meinen hiermit jedoch nur die nachconstantinische Gestalt des Kreuzes, nicht die T förmige. Vgl. die unter n. 30, 55, 57 aufgeführten Gemmen.

durch Hinzufügung anderer Symbole erweiternden und verstärkenden über.

1) I X Θ T C lesen wir auf einem für einen Siegelring bestimmten Sard. Bei Ficoroni, *Gemmae litter.* Tafel XI, n. 6 (de R. n. 76).[1])

2) Die nebenstehend mitgetheilte Gemme wurde vom Grafen de l'Escalopier der Vaticanischen Bibliothek geschenkt. Sie findet sich abgedruckt auf dem Titelblatte der *Hagioglypta* von Macarius. Vgl. auch daselbst S. 235. Das mit dem X verbundene P giebt in gewisser Weise eine Deutung des ΙΧΘΥΣ (de R. n. 77).

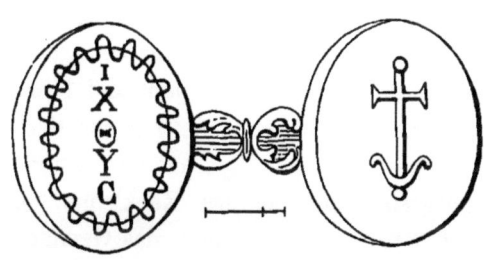

3) Vettori (*Nummus aereus vet. christ. expl.* S. 92) theilt nebenstehend (vergrössert, wie der Maassstab zeigt[2]) abgedruckten Opal mit, der auf Vorder- und Rückseite mit uns hinlänglich bekannten Zeichen versehen ist: *Spes in Christo.* Vgl. auch Costadoni a. a. O. S. 300, Mamachi t. I, S. 428, Münter, *Sinnbilder*, Tafel 1, 3, Macarius S. 154, Martigny, *Dict.* S. 545 (de R. n. 91).

4) Gleichfalls ein kreuzförmiger Anker, dazu die Buchstaben I H X Θ finden sich auf einer für einen Ring bestimmten Gemme nach Costadoni n. VI, Marini t. III, S. 22. Die mangelhafte Schreibung des ΙΧΘΥΣ (der Anfang wird ΙΗσοῦς zu lesen sein) erklärt sich wohl aus einem Versehen des Steinschneiders und Mangel an Raum (de R. n. 90).

---

1) De Rossi führt bei Aufzählung der Gemmen den Inschriftenkatalog (— 75) einfach weiter. Wir hielten es für übersichtlicher, beide Gattungen von Monumenten besonders zu zählen.

2) Die Mehrzahl der im Nachfolgenden aufgeführten Gemmen ist in vergrössertem Maassstabe wiedergegeben worden. Wo uns irgendwelche genauere Notiz über die Originalgrösse zu Gebote stand, haben wir dieselbe benutzt.

5) In gleicher Weise werden wir auch wohl erklären müssen, wenn wir auf nebenstehendem, offenbar zum Siegeln bestimmten Chalcedon der Gemmensammlung des Kgl. Antiquariums zu Berlin (Kl. IX, n. 130) Ι Χ Τ Θ statt Ι Χ Θ Τ (C) lesen. Piper beschreibt diesen Stein im *Ev. Kal.* 1858 S. 19 folgender Maassen: „Er stellt einen Thron dar, unter demselben einen Fussschemel. Zu beiden Seiten ist ein Namenszug, den Künstler oder einstigen Eigenthümer des Steines bedeutend.[1]) Niemand wird auf dem Thron gesehen; aber eine Dornenkrone liegt darauf, innerhalb deren ein Stern erscheint. Das ist kein Bischofsstuhl, wie man geglaubt hat — wozu wäre der auf den Ring eingeschnitten? Den König mit der Dornenkrone zeigt die Leidensgeschichte an. Es ist das Wort des Herrn, der von dem Hohenpriester befragt, ob er sei Christus, der Sohn Gottes, die Frage bejaht und hinzugefügt: „von nun an wird des Menschen Sohn sitzen zur Rechten der Kraft Gottes," welches hier zur Anschauung kommt. Darauf deuten auch in unserem Bilde an der Rücklehne des Thrones die Buchstaben Ι Χ Τ Θ...... So bringt das Gemmenbild den Herrn vor das Auge des Geistes, wie er sich erniedrigt und gelitten hat, aber erhöht ist (ein Stern leuchtet in der Dornenkrone) und in das Unsichtbare eingegangen, und wie er unsichtbar gegenwärtig von dem Throne seiner Herrlichkeit seine Kirche regiert." Wir fügen nur noch hinzu: Sollte der von Piper (nach Toelken's Vorgang) als Dornenkrone ausgelegte Kranz auch nur ein solcher von Laub und Blumen oder ein Fruchtgewinde sein (vgl. die Publication dieses Steines nach Saggi, *Diss. dell' accad. di Cortona*, t. VII, S. 44, Tafel II, n. 13 bei Martigny S. 546 und Piper's nachträgliche Bemerkung a. a. O. S. 16), so bleibt doch das Wesentliche der Piper'schen Erklärung bestehen: Wir haben eine Darstellung des thronenden Sohnes Gottes in Herrlichkeit vor uns (de R. n. 80).

6) Ι Χ Θ Τ C, dazu ein Baum findet sich auf einem bei Marini, *inscr. chr. ms.* S. 156, 17 erwähnten Steine (de R. n. 80).

---

[1]) Ohne besondere Mühe entziffert man ΠΑΥ und ΣΑΥ, wohl ohne Zweifel die Anfangsbuchstaben von Παῦλος und Σαῦλος.

7) In nebenstehender Weise[1]) sehen wir das Bild des guten Hirten, A ω, dazu die Unterschrift I X Θ T C auf einer für einen Ring bestimmten Gemme, mitgetheilt von Allegranza, *Opuscoli eruditi lat. e ital.* S. XI (de R. u. 95).

8) I X Θ T C, der gute Hirte, ein Baum auf einer Ring-Gemme bei Marini a. a. O. S. 156, 17 (de R. n. 92).

In anderer Weise wie auf den letzten drei Monumenten liegt uns ein doppeltes Bekenntniss zu Christo vor, wenn wir auf nachfolgenden Gemmen Räthselbild und Räthselwort vom IXΘΥΣ vereinigt sehen.

9) Ein Onyx-Camée aus der Sammlung des Prinzen Christian Friedr. von Dänemark wurde publicirt von Münter in seinen *Sinnbildern*, Tafel I, 23 (de R. n. 78).

10) Eine ähnliche Gemme findet sich an dem bei n. 8 angeführten Orte (de R. n. 79).

11) Nebenstehender, offenbar zum Siegeln bestimmter, Stein aus Le Blant's Sammlung wurde publicirt im *Bulletin archéologique de l'Athenaeum francais* 1856, Tafel I, 17. Auf der Rückseite steht MAPIA ZHCAIC ΠΟΛΛΟΙC ETECIN

12) In der Februarnummer desselben Jahrganges der gleichen Zeitschrift wurde eine ganz ähnliche Gemme, ebenfalls aus Le Blant's Sammlung, mitgetheilt.

13) Auf einem von Mamachi t. III, S. 23 publicirten Goldringe sehen wir einen an einem kreuzförmigen Anker befestigten Delphin mit der Umschrift I X Θ T C. Vgl. auch Costadoni n. X. Lupi, *O. P.* t. I, S. 233, Münter, *Sinnbilder* Tafel I, 21 (de R. n. 84).

---

[1]) Weder unsere noch die im Texte angeführte Publication können wohl auf Genauigkeit Anspruch machen. Das Original wird ohne Zweifel

14) Auf nebenstehend abgedrucktem rothen Jaspis der Gemmensammlung des Kgl. Antiquariums zu Berlin (Kl. IX, n. 129) in antiker goldener Fassung befindet sich an einem kreuzförmigen Anker ein sehr kleiner Delphin, unser Ι Χ Θ Τ C und die wohl zum ursprünglichen Besitzer des Ringes in Beziehung stehenden Buchstaben T M.

Wenn wir auf vorstehenden Gemmen einen Fisch (mit oder ohne Anker) dargestellt sahen, so wurde uns der christliche Ursprung derselben durch das hinzugefügte Anagramm Ι Χ Θ Τ Σ auf das Stärkste bezeugt. Wir können über denselben aber auch bei nachfolgenden Monumenten nicht in Zweifel sein:

15) Ein Anker, dessen oberes Ende ein monogrammatisches Kreuz bildet, ein um denselben gewundener Delphin, befindet sich auf einer Gemme des Stoschischen Museums, die Allegranza *de monogrammate D. N. Jesu Chr.* (Mailand 1773) im Eingange publicirte (de R. n. 103).

16) Christlichen Ursprungs ist ferner jedenfalls der schöne Nephrit der Kgl. Gemmensammlung zu Berlin (Kl. VIII, 281), auf dem in ähnlicher Weise ein Delphin an einem kreuzförmigen Anker dargestellt ist.

17) Aus der Sammlung Hamilton's entnimmt Perret (t. IV, pl. 16, 7) eine Gemme mit kreuzförmigem Anker, dem Delphin und den Buchstaben ΕΠΙΤΥΝ(ΧΑ)ΝΟΥ(?).

18) Eine rothe Paste mit Delphin und kreuzförmigem Anker theilt Perret (t. IV, pl. 16, 70) als auf der Kgl. Bibliothek zu Turin befindlich mit.

Nur mit geringer Gewissheit lässt sich der christliche Ursprung bei solchen Steinen behaupten, auf denen sich nur das Bild eines einzelnen Fisches ohne weitere Symbole und Schrift befindet. So werden wir z. B. in Bezug auf den Topas der

---

einen künstlerisch befriedigenderen Eindruck machen. Dies gilt von vielen, älteren Werken entnommenen Copieen.

Gemmensammlung zu Berlin (Kl. VIII, 278), auf dem ein blosser Delphin, ohne den Anker, abgebildet ist, mit Recht in Zweifel sein dürfen. Das Gleiche gilt von dem Delphin auf Glas der Sammlung Hamilton's (Perret IV, pl. 16, 17), der rothen Paste in Turin mit roher Darstellung eines Fisches (Perret IV, pl. 16, 33) und anderen ähnlichen Monumenten.¹)

19) Wie spätere Zeit die Darstellung eines einzelnen Fisches auf einem Carneol als auf Christum bezüglich verstanden wissen wollte, beweist die Hinzufügung eines Christuskopfes auf der Rückseite des Steines.  Die Seite mit dem Fische war verletzt. Man schliff die schadhafte Stelle von Neuem, um dem Steine eine regelmässige Form zu geben, ehe man den Christuskopf eingravirte. Der betreffende Carneol gehört zur Sammlung Charles Forget's, ist publicirt von Le Blant, t. I, S. 371 in der Anmerkung.

Zu dem Fische hinzutretende, entschieden christliche Symbole bezeugen widerspruchslos den christlichen Character bei nachfolgenden Denkmälern:

20) Ein Fisch, eine Palme, ein Stab sind auf einer Gemme der Sammlung Hamilton's dargestellt. Bei Perret IV, pl. 16, 3.

21) Auf einem Granat aus Turin sehen wir einen Delphin, der eine Palme hält. Bei Perret IV, pl. 16, 39.

22) In einem Goldringe der Sammlung Hamilton's mit doppelter Gemme findet sich auf der einen das Bild eines Fisches, auf der andern zwischen dem Namen AEMILIA ein Oelbaum, auf welchem eine Taube sitzt. Bei Perret IV, pl. 16, 4 (de R. n. 97).

23) Ein kreuzförmiger Anker, ein Fisch, eine Taube und zwei Mal der Name I H C O T C ist einer Gemme der Sammlung Hamilton's eingravirt. Bei Perret IV, pl. 16, 26.

24) Ein guter Hirte, ein Fisch, ein Baum findet sich auf einer bei Costadoni unter n. XIV abgedruckten Gemme (de R. n. 102).

---

1) Ueber den christlichen Ursprung oder doch die Erklärung sind wir trotz anderen beigefügten Bildwerkes auch in Zweifel in Betreff des von Perret IV, pl. 16 mitgetheilten Amethystes (n. 32: Un poisson s'enroulant autour d'un gouvernail) und einer blauen Paste (n. 41: Un poisson et deux coquilles).

25) In der *Revue de l'archéologie* t. I, S. 404 ist eine Paste von braunem Glase des Museums Escalopier's publicirt, auf der sich ein aufrecht stehender kleiner Delphin befindet und über demselben eine Taube mit einem Zweige im Schnabel, dazu die Buchstaben CIAP. Bei Perret IV, pl. 16, 88. Vgl. Pitra im Nachtrage zu de Rossi's Katalog n. 117.

26) An gleichem Orte und ebendaher findet sich die Mittheilung eines Amethystes, auf welchem unter einem Schiffe ein Fisch dargestellt ist, dazu ein Anker und die Buchstaben S T. Bei Perret IV, pl. 16, 89. Pitra, n. 116. Die Ausführung ist bei diesen beiden Monumenten wenig künstlerisch.

27) Das Gleiche gilt von der in Ficoroni's *Gemmae litt.* Tafel XI, n. 8 veröffentlichten Gemme, auf der wohl — wie auch in der vorigen Nummer — das Schiff mit seinem Maste in Kreuzesform die Kirche darstellen soll. Die Buchstaben ART werden sich auf den Besitzer des Steines beziehen (de R. n. 104).

28) Inniger erscheint die Verbindung des Fisches mit dem Schiffe, d. h. Christi mit der Kirche, auf der von Aleander mit einem ausführlichen Kommentare (*Nav. Eccl. referent. symb.* Rom 1626) versehenen Gemme.

Es soll uns wohl auf derselben Christus als Träger der Kirche vorstellig gemacht werden. Man vgl. hierfür die Ausführungen des Hippolytus *de Antichristo* (S. 29 ed. Fabric. Hamb. 1716). Ausser dem Fische und Schiffe sehen wir den ΙΗϹοῦς und ΠΕΤρος dargestellt. Es ist die Mat. 14, 29 ff geschilderte Scene. Ob der Vogel auf dem Hintertheil des Schiffes den der Kirche gesandten h. Geist, der auf dem Mastbaum (wohin man steigt um Wind und Wetter zu erforschen) die menschlichen Leiter bedeute (vgl. Garrucci in Macarii *Hagiogl.* S. 237), lassen wir unerörtert (de R. n. 105).

29) Der gute Hirte, Anker, Fisch, Jonas, Tauben und andere Symbole finden sich auf einer Ring-Gemme dargestellt, die Costadoni (n. XII), Polidori und Perret (t. IV, pl. 16, 5) mitgetheilt haben (de R. n. 99).

30) Auf nebenstehend vergrössert (wie der Maassstab zeigt) publicirtem Monumente der Gemmensammlung des Kgl. Antiquariums zu Berlin (? — Gipsabdrücke desselben waren wenigstens dort stets vorräthig) ist in der Mitte eine T förmige Figur abgebildet, die nichts anderes als das Kreuz Christi (vgl. den unter n. 57 aufgeführten Carneol) wird bedeuten können.¹) Auf derselben sitzt die Taube mit dem Oelzweige im Schnabel — ein uns aus dem vorigen Abschnitte bekanntes Symbol. Links zur Seite des T lesen wir unser Ι Χ Θ Τ C, bemerken rechts ein Schäflein, das Bild des Christen oder besser Christi, wenn wir die Beziehung zum Kreuze festhalten wollen. Unter dem Ganzen, das wohl planvoll das Opfer Jesu Christi des Gottessohnes und Heilandes, aus dem der Welt der Frieden erwachsen ist, darstellen soll, befindet sich endlich noch ein Delphin, wohl noch eine weitere Bezeichnung Christi.

31) Den guten Hirten mit dem Schaf auf der Schulter, zu dem rechts ein anderes Schäflein heranspringt, darunter den Fisch, auf der Gemme zerstreut die zu Ι Χ Θ Τ C sich zusammenschliessenden Buchstaben und einen Baum bemerken wir auf der zuerst in den *Novelle letterarie di Firenze* 1755, S. 596 veröffentlichten, für einen Ring bestimmten Gemme. Dieselbe ist auch abgedruckt auf dem Titelblatte zu Mingarelli, *libri tres de Trinitate* und Macarius, *Hagioglypta* S. 1 (de R. n. 94).

32) Wohl Jeder erkennt auf dem umstehend mitgetheilten Carneol (publicirt von Vallarsi *Hieronymi opera* t. I, S. 18) in dem Fischer den sonst „Fisch" Genannten. Wird doch (wie schon S. 11 Anm. 1 erwähnt ward) von Christus ausdrücklich in der

---

1) Bekanntlich hat man sich gegenwärtig allgemein dafür entschieden, dass das Kreuz Christi wohl in der That die Gestalt des T hatte. Ein neues Zeugniss für dieselbe legte das im J. 1857 entdeckte Spottcrucifix aus dem 3. Jahrh. ab. Vgl. meine Schrift über dasselbe S. 35.

alten Kirche gesagt, „er wird ein Fischer, damit er aus der Tiefe den Fisch heraufbringe, den Menschen, der in den unstäten und salzigen Wogen des Lebens umherschwimmt" (Gregor v. Naz. Orat. 31). Basilius von Seleucia bemerkt in seinem „λόγος" über den Text Mat. 4, 19: „Wie an dem wahrhaftigen Angelhaken, dem Worte, gefangen folgten sie (die Apostel) dem Rufe ihres Herrn." So wäre denn der Fisch auf unserem Monumente der Christ, der dem Worte der Wahrheit Folge leistet. Vgl. Costadoni n. VIII, Mamachi, t. III, S. 22, Macarius S. 111, Biraghi, Jnni di S. Ambrogio S. 98 (de R. n. 96).

Wir erklärten auf den Grabdenkmälern Fische als Darstellungen der Christen, der *pisciculi* Tertullian's. Anders vermögen wir auch auf den Gemmen dieselben — zumal wenn sie mit dem Anker verbunden erscheinen — nicht zu deuten. „Wenn einer ein Fischer ist," sagt Clemens Alex. an dem im Eingange dieses Abschnittes angeführten Orte, „der erinnere sich des Apostels und der aus dem Wasser gezogenen Kinder *(pueri)*." Unseres Erachtens ist mit „Fischer" hier keineswegs Jemand gemeint, der das irdische Gewerbe der Fischerei treibt, sondern ein ἁλιεὺς ἀνθρώπων. Der soll, wenn er sich ein Siegel will schneiden lassen, an die Täuflinge[1]) denken und an sein Amt, in Erfüllung des apostolischen Fischerberufes *pisciculi* seinem ΙΧΘΥΣ geboren werden zu lassen. So hätte ein Solcher in seinem Siegelringe eine fortdauernde Mahnung an seine Amtspflicht. Wenn ich nun auch keineswegs zu behaupten wage, dass alle dergleichen uns erhaltenen Ring-Gemmen mit Fischen (etwa mit dem Anker und anderen Symbolen verbunden) ursprünglich solchen „Fischern" gehört hätten, so erscheint mir doch die Auslegung der Fische als Darstellungen der *secundum*

---

1) Die Neugetauften heissen bei den Vätern *pueri*, *infantes* ohne Rücksicht auf ihr natürliches Lebensalter. Vgl. Martigny, *Dict.* S. 70.

ΙΧΘΥΝ im Wasser geborenen *pisciculi* (Tert.) als die einzig mögliche. Hiermit stimmt auch im Allgemeinen Lupi's Erklärung (Ep. Sev. S. 64), dergleichen Ringe seien für christliche Ehegatten bestimmt gewesen. Pitra's absurde Deutung wurde schon S. 68 erwähnt. Eine Verdoppelung des einfachen ΙΧΘΥΣ aus Rücksicht auf eine geschickte Anordnung anzunehmen, erscheint mir auf den Gemmen unstatthaft. Man hätte durch Verbindung mehrerer Symbole die doppelte Darstellung des Fisches gar wohl vermeiden können. Wir müssen aber gradezu es erwarten, Christen als Fische auch auf Monumenten dieser Art abgebildet zu sehen, wenn wir die Väter so häufig — auf Grund der Schrift und in Beziehung auf den ΙΧΘΥΣ κατ' ἐξοχήν — die Christen als Fische bezeichnen hören.[1])

33) Auf der nebenstehenden, von Costadoni n. XI mitgetheilten Gemme wird der letzte Buchstabe von Ι Χ Θ Υ С durch das vollständig ausgeschriebene Wort С ω Τ Η Ρ, das er sonst nur andeutet, vertreten. Die Frage, ob wir in dem einen dieser beiden Fische, dem oberen, Christus, den *piscis magnus*, welcher *consecrat pisces* zu erkennen haben, scheint mir wegen der Beischrift bejaht werden zu müssen. Vgl. Mamachi, t. I, S. 56, Macarii *Hagioglypta* S. 113, Biraghi, *Inni di S. Ambrogio* S. 98 (de R. n. 82).

---

1) Vgl. noch ausser den schon früher genannten Stellen das Wort des Ambrosius: *Piscis es ergo, o homo! Bonum piscem nec retia involvunt, sed elevant; nec hamus internecat atque interficit sed pretiosi vulneris perfundit sanguine: in cujus oris confessione bonum pretium reperitur quo tributum apostolicum et census Christi possit exsolvi... Noli igitur, o bone piscis, Petri hamum timere: non occidit, sed consecrat... Ideo misit retia et complexus est Stephanum, qui de Evangelio primus ascendit habens in ore suo staterem justitiae. Pro hoc pisce stabat Dominus Jesus; sciebat enim esse in ore ejus pretium sui census.... Exsili super undas, homo, quia piscis es; non te opprimant saeculi istius fluctus. Si tempestas est, pete altum et profundum; si serenitas, lude in fluctibus; si procella, cave a scopuloso littore, ne te in rupem furens aestus illidat (in Hex. lib. V, cap. VI).* Vgl. auch *de sacr.* l. III, c. I.

Christen sollen wohl vorstellig gemacht werden, wenn wir zuweilen zwei Fische, meist in roher und flüchtiger Arbeit, ohne irgend ein weiteres Symbol oder Wort, eingeschnitten finden.

34) Die hier abgedruckte Gemme gehört zu Le Blant's Sammlung, wurde publicirt im *Bulletin arch. de l'Ath. fr.* 1856, Tafel I, 8. Wenn wir ausser dieser noch die von Perret (t. IV, pl. 16, 56 (57?) 75) mitgetheilten, ähnlichen Monumente, sowie den Aquamarin der Kgl. Gemmensammlung zu Berlin (Kl. III, 1448) und einen ebenda befindlichen, neuerdings erworbenen Stein nennen, übernehmen wir keine Garantie für deren Aechtheit wie christlichen Ursprung.

Bestimmt glauben wir die Darstellung von Christen, die zu einer gewissen Hoffnung (man beachte den Anker) durch ihre Neugeburt in Taufwasser gekommen sind, auch auf den nun folgenden Monumenten sehen zu müssen.

35) Perret t. IV, pl. 16, 24 theilt eine Gemme der Sammlung Hamilton's mit, auf der sich die Darstellung zweier Fische und eines Gefässes befindet. Der Besitzer dieses Steines wollte wohl das Mat. 13, 48 im Gleichniss Vorherverkündete stets mahnend vor Augen haben.

36) Auf das Ende des Christenlebens, die Erringung der Palme des Sieges, soll wohl gewiesen werden, wenn wir auf einer von Ficoroni (*Gemmae litt.* VII, n. 20) und Perret (t. IV, pl. 16, 45) publicirten gelben Paste zwei Fische dargestellt sehen und auf der Rückseite in zwei durch einen Zweig getheilten Reihen lesen: PHOEN (Phoenix Vale? — Vgl. Ficoroni VI, n. IXYA 7 u. VII, n. 11).

37) Perret druckt t. IV, pl. 16, 10 einen Lapislazuli ab, auf dem sich zwei Fische, eine Taube nebst etlichen Buchstaben befinden.

38) Nebenstehend abgedruckten Onyx (einst dem Kircher'schen Museum zu Rom angehörig) entnehmen wir Lupi's *Epit. Sev. M.* S. 64. Wir erwähnten schon die von Lupi bei Mittheilung dieses Monumentes gegebene Erklärung der Fische: *sub piscium duorum symbolo repraesentari conjuges christianos.*

Der Stein sei für einen *annulus nuptialis* bestimmt gewesen. Es hat diese Auffassung viel Ansprechendes, ist jedoch gar nicht näher zu begründen.

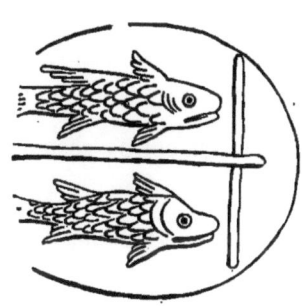

39) Costadoni n. VII, Macarius *Hagioglypta* S. 113 geben uns nebenstehende, links etwas lädirte Gemme. Die kreuzförmige Figur ist gewiss ein Anker, dessen unterer Theil wegen der fragmentarischen Beschaffenheit des Monumentes nicht mehr sichtbar ist (de R. n. 98).

40) Nebenstehende Gemme gehört zu Le Blant's Sammlung, wurde im *Bulletin arch. de l'Ath. fr.* 1856, Tafel I, 7 publicirt.

41) Ein kreuzförmiger Anker und zwei Fische finden sich auf einer bei Costadoni n. V, Mamachi t. III, S. 22 abgedruckten Gemme (de R. n. 100).

42) Die gleichen Symbole sehen wir auf der Rückseite einer gleichfalls von Costadoni (S. 315) besprochenen Gemme, auf deren Vorderseite der gute Hirte dargestellt ist (de R. n. 101).

43) Ein Carneol aus Perret's Sammlung mit denselben Symbolen. Bei Perret t. IV, pl. 16, 20.

44) Ebenfalls auf einem Carneole — im Besitze der Kgl. Bibliothek zu Turin — findet sich die gleiche Darstellung. Bei Perret t. IV, pl. 16, 31.

45) Dasselbe gilt von einer anderen ebenda befindlichen Gemme. Bei Perret t. IV, pl. 16, 73.

46) Zur Sammlung Hamilton's gehört ein Stein, auf dem sich ausser den erwähnten Symbolen die Buchstaben PLA finden. Bei Perret t. IV, pl. 16, 1[1]).

---

[1]) Wegen des fast gleichen Fundortes verdächtig erscheinen mir ein Sard und ein Onyx, auf denen sich die im Texte angegebenen Symbole befinden sollen. Auf der Publication des Sard jedoch in des Licetus *Hie-*

Wir ändern unsere Erklärung nicht, wenn wir auf den folgenden Denkmälern ausser dem Anker mit den Fischen noch den Namen Christi in irgend welcher Weise ausgedrückt finden: es sind eben die Fischlein, deren Hoffnung in Christo ruht.

47) I X Θ T C enthält ausser Fischen und dem Anker der Onyx eines Goldringes bei Marini S. 156, 13 (de R. n. 83).

48) E I X Θ T C mit den gleichen Symbolen, ebendaselbst (de R. n. 85).

49) Ebenso I X Θ T C in eben der Verbindung, ebenda (de R. n. 86).

50) I H C O T lesen wir als Umschrift auf einem 8eckig geschnittenen Sard mit kreuzförmigem Anker und den Fischen aus Münter's Sammlung, ausführlich besprochen in dessen *Antiq. Abhandlungen* S. 57 f., abgedruckt in den *Sinnbildern* Tafel I, 4 (de R. n. 87).

51) I H C O T C findet sich ausser den hier wiederholt genannten Symbolen auf einer
X P E I C T O C
von Vettori *Nummus aer. v. chr. expl.* S. 105 publicirten Gemme. Vgl. Lupi *O. P.* t. I, S. 233, Mamachi t. I, S. 31 und t. III, S. 21, Garampi *de nummo argenteo Benedicti* III, S. 150, Costadoni S. 291 f., Münter *Sinnbilder* Tafel I, 2 (de R. n. 88).

52) I H ⚹ (Jesus Christus) mit den gleichen Symbolen auf einem Goldringe bei Marini S. 158, 7 (de R. n. 89).

53) ⚹ Ɵ Y C ... ⚹ HI, der gute Hirte befindet sich auf dem Fragmente einer Gemme im Besitze des Museums der *Propaganda* zu Rom. Auf der Rückseite desselben bemerken wir

---

vgl. gemm. anul. S. 390 ff. (Padua 1653) sieht man ein grosses lateinisches Kreuz mit zwei in gleicher Richtung schwimmenden Fischen. Diese Darstellung ist auf keinen Fall antik. Im Uebrigen vgl. man für diese beiden Monumente Costadoni S. 295 f., Pitra im Nachtrage zu de Rossi's Katalog n. 109 und 110, sowie endlich die beiden Schriften von Smetius *de sarda seu carneola crucem et pisciculos referente ad IV lapidis jactum infra Neomagensem urbem inv.* (Neom. 1630 u. 1785) und *Antiquit. Neom.* S. 54.

einen Baum, ein Schiff, das ☧, den Anker mit den beiden Fischen. Offenbar fehlt vor den obigen Buchstaben ein I. Für das ☧ in Ι Χ Θ Τ C vgl. die n. 2 mitgetheilte Gemme (de R. n. 93).

54) Einen Delphin, den kreuzförmigen Anker, eine Taube und noch einen Fisch bemerken wir auf einem von Perret t. IV, pl. 16, 36 publicirten Carneol.

55) Ι Χ Θ Τ C, den guten Hirten, den Anker mit den Fischen, eine Taube mit dem Oelzweig, die (ähnlich wie auf den unter n. 30 und 57 aufgeführten Monumenten) auf einem T förmigen Kreuze sitzt, enthält eine Gemme der Sammlung Hamilton's, bei Perret, t. IV, pl. 16, 12.

56) Eine andere, ebenda befindliche ist mit den Darstellungen des guten Hirten, des Daniel zwischen den Löwen, der Geschichte des Jonas, dazu von Fischen, eines aus Ι Χ C ('Ιησοῦς Χριστὸς Σωτήρ) gebildeten Monogramms u. s. f. völlig überladen. Vgl. Perret, t. IV, pl. 16, 8.

57) In sechsfacher Vergrösserung theilen wir nebenstehend einen Carneol des Kircher'schen Museums zu Rom mit, der in herrlichster Ausführung auf kleinstem Raum eine Fülle christlicher Symbole uns vor Augen führt. Links sehen wir zunächst den Anker (in einer so sehr an das T förmige Kreuz erinnernden Gestalt wie sonst fast niemals) mit den zwei Fischen. Weiter rechts über einem Schafe steht eine Figur in der Gestalt des T, die wohl (vgl. n. 30 u. 55) für eine Darstellung des Kreuzes zu erklären sein wird. Auf derselben sitzt die Taube mit dem Oelzweige. Ob wir in der folgenden Darstellung ein Schiff — wie Garrucci will — vor uns haben, wagen wir nicht zu entscheiden. Jedenfalls aber tritt uns zum dritten Male die Kreuzesgestalt entgegen. Wenn

wir in der That die *arca* als Bild der Kirche in der ovalen Figur zu sehen haben, so wird der einzelne Fisch weiter unten der alten Symbolik gemäss den Menschen darstellen, der im *mare saeculi* herumirrt, noch nicht vom Worte der Wahrheit gefangen und wiedergeboren ist im Taufwasser, in welchem verharrend der Christ als ein guter Fisch wird erfunden werden (Tert. Mat. 13). Die Darstellung des guten Hirten erklärt sich selbst. Bei dem auf der ganzen Fläche zerstreuten I X Θ T C ist nicht zu erkennen, ob der Carneol zum Siegeln bestimmt war oder sonst als Zierrath diente. Im Θ fehlt wie nicht selten der Punkt oder Strich in der Mitte.

Garrucci setzt diese herrliche Kleinodie der christlichen Gemmenkunde in das 2. Jahrhundert, besprach sie ausführlich in einem Artikel der *Civiltà cattolica* vom J. 1857, der auch separat gedruckt in italienischer und französischer Sprache erschien.

58) Nebenstehende Abbildung giebt in der doppelten Grösse des Originals den berühmten Ring von Metz, einen milchweissen, undurchsichtigen Achat aus dem Besitze des Bischofs Arnulph. Spräche nicht die (nur verhältnissmässig!) gute Arbeit für ein höheres Alter (4. Jahrh.) dieser vielverehrten Reliquie, so könnte der Stein dem Gegenstande der Darstellung nach gar wohl im 7. Jahrhundert geschnitten sein. Er enthält nichts vom IXΘΥΣ als Geheimsymbol der verfolgten Kirche, sondern ist von dem Netze zu verstehn, „damit man allerlei Gattung Fische fängt" (Mat. 13): In einer Fischreuse (einem geflochtenen Korbe mit engem Halse, aus dem die Fische nicht wieder entschlüpfen können) ist ein Fisch gefangen; zwei andere suchen gleichfalls in dieselbe zu gelangen.

Das durch seine Geschichte besonders höchst merkwürdige Denkmal ist vielfach publicirt, am Besten wohl in Pitra's *Spicil. Solesm.* Tafel III, n. 4. (In Pitra's Nachtrage zum Kataloge de Rossi's n. 119). Vgl. auch Le Blant, t. I, n. 321 A.[1])

---

1) Le Blant will n. 608 A den Goldring von Montbazin, ein auf den IXΘΥΣ bezügliches Monument geben. Dem Vf. ist die betreffende Lieferung

 In 2—3 facher Verjüngung soll durch nebenstehende, ungenaue, nach der Erinnerung gefertigte Zeichnung (die Erlaubniss zu einer Copie an Ort und Stelle war nicht zu erlangen) ein Abdruck eines grossen Siegels in Blei vorstellig gemacht werden, der vor 12 Jahren zu Ostia gefunden wurde, gegenwärtig der Sammlung christl. Alterthümer auf der Vat. Bibliothek angehört. Die Arbeit ist roh. Wir sehen Christen als *pisciculi* dargestellt, die der Palme der Ueberwinder zuschwimmen. Das Denkmal erweist sich als alt durch das fehlende Kreuz, das uns sonst auf Bleisiegeln fast schon vom 4. Jahrhundert an stets begegnet (de R. u. 106).

Auf dem Boden der mit Goldmalereien gezierten Glasgefässe, welche in den Katakomben gefunden wurden und zuweilen noch heute in neu ausgegrabenen Theilen sich finden, sehen wir auch den symbolischen Fisch einige Mal dargestellt. Die eigentliche Bestimmung dieser Gläser ist schwer festzustellen. Leichter ist es, die Zeit ihres Gebrauches anzugeben. Sie gehören im Allgemeinen einer späteren Periode an, gewiss den letzten Zeiten der Benutzung der Katakomben.[1]) Deshalb werden wir uns nicht wundern, unter einigen hundert Gläsern nur so wenige mit der Darstellung des Fisches zu finden. Aber gerade diese werden einer früheren Zeit angehören, etwa dem dritten Jahrhundert — so wenigstens das erste dieser Monumente —  das wir hier sofort zur Prüfung dem Leser mittheilen. Garrucci publicirte dasselbe zum ersten Male in seinen *Vetri* Tafel I, 5. Es ist die wohl tausend Mal auf den Denkmälern der Katakomben dargestellte Kürbisstaude, die wir vor uns sehen. Wollte man aber zweifeln, ob die alten Christen nur aus speciellem Interesse an

---

des t. II der *inscr.* noch nicht zu Gesicht gekommen. Ueber den Ring ist mir weiter nichts bekannt.

1) Man vgl. über diese Gläser besonders Garrucci's *Vetri ornati di figure in ore*. 2. edizione. Roma 1864. Der dazu gehörige Atlas mit 42 Tafeln in Folio.

Jonas denselben so häufig und fast zum Ueberdruss in Malerei und Sculptur abbildeten oder ob sie in ihm und seiner Geschichte gradezu Christum und seine Auferstehung sahen gemäss dem Fingerzeige, den der Herr (Mat. 12, 39 u. 40) selbst gegeben hatte — die vorstehende Darstellung ertheilt die bestimmteste Antwort. Oder wer ist solch ein Narr, dass er *delphinum silvis appingit fluctibus aprum!* Will man einen patristischen Beleg für solche Verschmelzung der Geschichte des Jonas und der Christi, hier ist er: *Jonas contra humani corporis naturam integer et illaesus in auras superas virtute dominicae praefigurationis evadit* (Hilarius in Matth. c. XVI).[1]) In gleicher Weise sehen wir ein alttestamentliches Vorbild statt der neutestamentlichen Erfüllung dargestellt in dem Opfer Isaac's u. s. f. Wir beachten noch die Siebenzahl der Kürbisse, die gewiss nicht zufällig ist.

Ein geringeres Interesse nur können zwei uns bekannt gewordene Glasfragmente beanspruchen, auf denen sich ausschliesslich die nackte Darstellung eines Fisches befindet. Das eine findet sich bei Perret, t. IV, 17, 4; Martigny S. 544, Costadoni I, 19 (und besprochen S. 240), das andere, im Vatican befindlich, giebt Perret t. IV, 9.

Wichtiger erscheint uns nachfolgendes Glas, das Garrucci Tafel X, 10 seiner *Vetri* mittheilt. Ich sah das Original bei dem Antiquar Capobianco in Rom. Unter zwei Personen sind vier Fische abgebildet, die sich schwimmend begegnen. Vielleicht haben wir damit Christum, den *piscis*, welcher *consecrat pisces* (Severianus v. Gabala), den Vater einer neuen Generation (Cyrill v. Jerus, cat. 17, 10), dargestellt, dem die *pisciculi* im Wasser geboren werden (Tert.). Vielleicht auch sind alle vier Fische als Christen zu erklären.

Nicht Christus den IXΘΥΣ, sondern gleichfalls die Christen, die *pisciculi*, finden wir auf einem Glasgefässe des

---

1) Vgl. auch Petr. Chrys. *Serm. de Jonae proph. signo.* Augustinus *Epist. ad Deogratias* quaest. IV. De Jona. 34.

Museums Vettori, das Ruggeri in einem Briefe an Costadoni beschreibt.[1]) Fische und Fischlein sind auf demselben fast in Unzahl vorhanden.

Mit dem christlichen Symbole des Fisches wird nichts zu thun haben der Fisch auf dem von Garrucci in den *Vetri* Tafel V, 3 publicirten Glasfragment. Vgl. a. a. O. S. 53 ff. Ausserhalb des Bereiches unserer Besprechung lassen wir die Darstellung der Geschichte des Tobias mit seinem Fische auf den Glasgefässen sowie auch im folgenden Abschnitte auf den Freskobildern — besonders ausführlich auf einem Wandgemälde des coem. Saturnini an der Via Salaria. Wenn wir uns auch von dem ersten Abschnitte her noch erinnern, dass die Väter mehrfach den Wunderfisch des Tobias von Christo verstanden, so wurde doch keineswegs deshalb zunächst Tobias dargestellt. Finden wir ihn ja doch auch ohne den Wunderfisch abgebildet, also dass man nur an seine Geschichte im Allgemeinen erinnert wird. Man vgl. Martigny *Dict.* S. 636.

Die ehernen Lampen, die im Allgemeinen selten in den unterirdischen Begräbnissstätten gefunden werden, haben als Schmuck das ☧, das Kreuz, auch wohl Tauben und andere Symbole, niemals den Fisch. Sie sind aber auch nicht älter als aus dem vierten Jahrhundert.

Fast sämmtlich einer früheren Zeit gehören die Lampen aus Terracotta (Thon) an, denen man in Unzahl in den Cömeterien begegnet. Bei ihnen ist das Symbol des Fisches nicht selten. Eine dieser Lampen, welche gegenwärtig dem Vatic. Museum angehört, stellt durch ihre Form einen Fisch dar. Weitere dergleichen Monumente mit Fisch oder Fischen sind schon in den älteren Werken mitgetheilt, z. B. bei Aringhi II, S. 232, Costa-

---

1) *Gior. Arcad.* t. 92, S. 241: *Il cavalier Vettori ha ancora un vaso cristiano di cristallo tutto quanto lavorato a pesca: vi sono reti, barchette, pescatori infiniti e pisciculi innumeri, ed è di figura di un mezzo globo. Ma è difficilissimo di poterlo far disegnare a dovere, e molto più d'inciderlo in rame.*

doni, S. 320 ff., in neuerer Zeit bei Perret t, IV, 9, 3 u. 7, 1, aber auch sonst. Pitra zählt in seinem Nachtrage zu de Rossi's Kataloge noch unter n. 113 eine Lampe aus gebrannter Erde mit zwei Fischen und einem Zweiglein auf, die bei Carthago gefunden wurde. Eine gleiche aus Syracus mit der Darstellung eines Delphins, der wie mit einem Nagel durchbohrt erscheint (Beziehung auf die Passion?) ist ebendaselbst n. 118 erwähnt und zum ersten Male veröffentlicht in Pitra's *Spic. Sol.* Bd. III, Tafel III, 1.

Amulette[1]) und Encolpien[2]) des 4. und 5. Jahrhunderts, d. h. allerlei zum Umhängen bestimmte Kleinigkeiten, die der Christen Glauben, Lieben, Hoffen äusserlich sichtbar werden liessen, und der Zeit der Ruhe und des Sieges der Kirche angehören, haben nichts vom symbolischen Fische. Dagegen haben die in den unterirdischen Cömeterien gefundenen, also aus früherer Zeit stammenden gar häufig die Form eines Fisches oder doch sonst eine Anspielung auf dieses Symbol. Man vgl. hierzu Aringhi t. II, S. 023, Boldetti S. 516, Costadoni S. 279 ff., Lupi, O. P. t. I, S. 83, *Revue arch.* t. I, S. 405, Perret t. IV, 12 n. 2, 3, 9.[3]) Nebenstehend theilen wir ein solches Denkmal aus Bronze mit (Costadoni IV, S. 246), auf dem wir den Ruf lesen: CωCAIC rette. „Jesus Christus, Gottes Sohn sei (auch mir) Heiland!" wird man zu erklären haben, wenn man diese Worte mit der Darstellung des IΧΘΥΣ vereinigt. Aehnliche derartige Fischlein sind aus Krystall und Glas, Schmelz, Perlmutter, Elfenbein und anderem mehr oder minder kostbaren Material gefertigt. Sie waren jedenfalls zum Umhängen bestimmt,

---

1) Man schliesse auf christlichem Gebiete von vornherein jeden Gedanken an heidnischen Aberglauben im Gebrauche solcher *Periapta* (Umhängsel) aus.

2) So nennt man (ohne Rücksicht auf den ursprünglichen, spezielleren Sinn dieses Wortes) in der Archäologie jede Art christlicher Amulette überhaupt.

3) Auch Smetius, de sarda S. 10.

  wie man deutlich daraus ersehen kann, dass sie entweder wie nebenstehendes Amulett des Kircher'schen Museums[1]) (Originalgrösse) im Auge völlig durchbohrt[2]) oder doch an dieser Stelle derartig ausgehöhlt sind, dass man ein metallenes Häkchen daselbst befestigen konnte, oder endlich — wie der nachfolgende von Bertoli in Aquileja gefundene Fisch zeigt[3]) — sich doch sonst irgendwo bei ihnen eine Vorrichtung zum Umhängen vorfindet. Damit würde die Annahme, dass sie als *tesserae* zur Legitimation bei dem Besuche der christlichen Versammlungen dienten, fallen müssen.

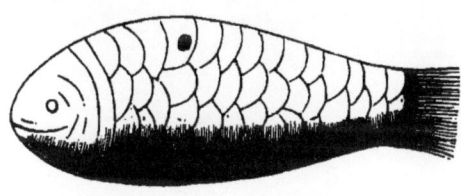

Eigenthümlich sind drei von Boldetti (S. 516) publicirte Glasfischlein, von denen der eine mit der Zahl X, der andere mit XX, der dritte mit XXV bezeichnet ist. Ob wir darin die Zahl X als Zahl der Vollendung zu erklären haben, oder was sonst der Sinn dieser Ziffern sein mag, können wir hier füglich unerörtert lassen. Vgl. jedoch Martigny *Dict.* S. 548 f.

Auf anderem Geräthe der alten Christen ist nichts vom Fische zu finden, z. B. nichts auf den Diptychen, die freilich auch nicht über das 5. Jahrhundert hinaus reichen. So bestätigt uns auch diese Klasse von Monumenten, dass das höchste christliche

---

1) Publicirt von de Rossi im *Bull. di arch. cr.* 1863, S. 38.
2) Vgl. Costadoni S. 280.
3) Bei Costadoni S. 281.

Alterthum die Zeit war, in der man, durch die Zeitverhältnisse genöthigt zunächst, das Bekenntniss zu Jesu Christo als dem Sohne Gottes und verordneten Messias durch den symbolischen ΙΧΘΥΣ ausdrückte. Eine solche — überaus inhaltsreiche — Bezeichnung Christi vornehmlich boten uns die in diesem Abschnitte besprochenen Denkmäler, das kleine Geräth des täglichen Lebens, durch dessen Gebrauch der Besitzer seine Zugehörigkeit zu Christo — besonders durch Benutzung der Siegel mit dem Zeichen des ΙΧΘΥΣ — bekundete. Eine Erweiterung erhielt dieselbe und Beziehung zu anderen christlichen Dogmen durch die auf den geschnittenen Steinen und Siegeln zum ΙΧΘΥΣ hinzugefügten Symbole, bei den Gläsern durch die Hinweisung auf die Auferstehung und Taufe. Bei den Lampen kann man wohl mit Recht eine Beziehung auf Christum als das Licht der Welt annehmen, dessen Bekenner nicht in der Finsterniss wandeln, sondern das Licht des Lebens haben — in dieser wie in der zukünftigen Welt.

Fünfter Abschnitt.
Der Fisch auf den Wandgemälden der Katakomben.

Wir kommen zu dem interessantesten Theile unserer Untersuchung, indem wir uns jetzt eingehender mit den Wandgemälden der Katakomben beschäftigen, wiefern auf ihnen der Fisch als symbolische Bezeichnung Christi zur Darstellung gekommen ist. Wir lernen nichts Besonderes und Neues, wenn wir in einer Grabesnische der Katakomben di S. Gennaro zu Neapel ausser anderen Symbolen einen kreuzförmigen Anker gemalt sehen, von dem rechts und links sich ein Fisch befindet.[1]) Ganz Aehnliches ist uns auf den Inschriften wie den Gemmen wiederholt entgegengetreten.

Aber den Fisch in seiner wichtigsten Beziehung — der eucharistischen — bringen uns die übrigen hierher gehörigen Fresken in mannigfacher Weise zur Anschauung. Mit Ausnahme des schon im ersten Abschnitte mitgetheilten ältesten Gemäldes aus dem coem. Domitillae, gehören sie sämmtlich der benachbarten Callist-Katakombe an, dem *Jerusale(m) civitas et ornamentum martyrum Domini*, wie dieselbe von einem Besucher im 5. Jahrhundert genannt wird,[2]) deren interessantesten Theile im J. 1854 wieder entdeckt zu haben, de Rossi's nicht geringstes Verdienst ist.

---

1) Vgl. Bellermann, *die ältesten christl. Begräbnissstätten*, Tafel VI. S. 77.
2) De Rossi *R. S.* S. 254.

Wir betreten die grosse Necropolis von S. Callist bei dem Eingange in der Nähe des *Sepolcro di S. Cornelio.*[1]) Nach wenigen Schritten haben wir zwei quadratische in einander gehende Räumlichkeiten erreicht, die ausschliesslich zu Begräbnisszwecken bestimmt waren.[2]) Ihre Grösse ist wie die fast aller unterirdischen Gemächer sehr unbedeutend. Sie gehören zu den ältesten Anlagen dieses Theiles von S. Callist (cripta di Lucina), haben aber barbarische Verwüstungen erlitten. Von Malereien[3]) bemerken wir in dem ersten Zimmer besonders ausser den in fast klassischem Style ausgeführten Dekorationen über der zum zweiten Gemache führenden Thür eine Darstellung der Taufe Christi durch Johannes den Täufer.

Besser erhalten sind die Fresken des zweiten, in der Anlage sehr ähnlichen Raumes.[4]) Vom Eingange rechts sind ein Schaf und ein Widder gemalt, zwischen denen auf einer kleinen Erhöhung der Melkeimer steht. Links sehen wir im blumigen Gefilde zwei Vöglein sitzen.[5]) Stellt die erste Gruppe die Gläubigen dar in ihrer Pilgrimschaft auf Erden, so versinnbilden die Vögel ebendieselben, wie sie der Bande des Körpers entledigt zu Gott eilen. Die übrigen Gemälde dieser Wand sind nicht mehr erklärbar. — Auf der Seitenwand dieses Gemaches rechts vom Eingange befinden sich vier über einander liegende, regelmässig in den Tuff gehauene Gräber (loculi), zwischen denen etliche dekorative Malereien angebracht sind, besonders der Geschichte des Jonas entlehnt. Die entsprechende Wand links ist vollständig zerstört. — Von grosser Schönheit ist die Decken-Dekoration,[6]) in der Mitte der gute Hirte mit dem Schäflein auf der Schulter und zwei Schafen zu den Füssen. In den andern mit Blumen gezierten Feldern begegnet uns noch zwei Mal das Bild des guten Hirten, zwei Mal die Darstellung einer Betenden,

---

1) Vgl. Tafel 32 u. 33 des 1. Bdes. der *R. S.* de Rossi's.
2) X u. Y des Anm. 1 angeführten Planes. Vgl. im Texte S. 346 ff., sowie auch die vorhergehenden Abschnitte von S. 320 an.
3) Was noch erhalten ist, giebt de R. a. a. O. Tafel 14.
4) Eine perspektivische Ansicht desselben befindet sich a. a. O. Taf. 9.
5) Beide Darstellungen in Farben, etwa im dritten Theile der Originalgrösse a. a. O. Tafel 12.
6) Vgl. a. a. O. Tafel 10, 11, 13.

dazu vier Genien mit dem Hirtenstabe, einzelne Köpfe, Vögel und dergleichen.

Es bleibt uns zur Besprechung noch übrig die der Eingangsthür gegenüber liegende Wand. Wir geben sie auf der vorstehenden Seite nach de Rossi's Publication in der *R. S.* Tafel 8. Sie ist es, die uns zu der genauen Charakteristik dieses Raumes veranlasste.

Wir sehen drei regelmässig angelegte Gräber. Das unterste musste durch Ziegel geschlossen werden, um der Wand einen festeren Halt zu geben. Die Bekleidung ist von den barbarischen Besuchern früherer Zeit meist heruntergeschlagen worden, so dass von den Malereien wenig übrig geblieben ist. Dieser Rest aber nimmt unser höchstes Interesse in Anspruch. Wir sehen zwei Fische dargestellt, auf Wasser schwimmend. Jeder trägt auf seinem Rücken einen Korb, in dem sich ein Glas mit rothem Weine befindet. Auf demselben liegen 5 resp. 6 Brode, wie sie uns in gleicher Form häufig begegnen. Es ist eine Art aschenfarbener Kuchen, die *mamphula* oder syrische Brode genannt wurden,[1]) weil die Orientalen und vornehmlich die Juden dergleichen als Erstlinge den Priestern darzubringen pflegten. So war es eine Art heiligen Brodes. Die zwischen diesem Doppelbilde befindliche Malerei ist gegenwärtig leider vollständig zerstört.

Auf nebenstehender Seite lassen wir den einen dieser Fische, mit freundlicher Bewilligung de Rossi's von Silv. Bossi *esercitatissimo nel ritrare i sotterranei dipinti* [2]) nach dem Originale gezeichnet, in $\frac{2}{3}$ der wahren Grösse folgen. Eine so getreue und grosse Copie dieses Monumentes ist bisher noch nicht publicirt worden.[3])

Der Fisch erscheint lebendig. Von Christo dem Lebendigen werden wir ihn zu erklären haben, den Paulinus von Nola

---

1) Vgl. Festi *de verb. signif.* ed. K. O. Müller 1839, S. 142: *Mamphula appellatur panis Syriaci genus, quod, ut ait Verrius, in clibano antequam percoquatur, decidit in carbones cineremque.*

2) *R. S.* S. 187.

3) Fast gar keine Beachtung verdient die hölzerne Wiedergabe dieses Fisches mit dem Korbe in Northcote's *Katakomben* Tafel VI. Wir bemerken noch, dass auf unserem Holzschnitt der innen befindliche Becher ein klein Wenig zu schmal gerathen ist.

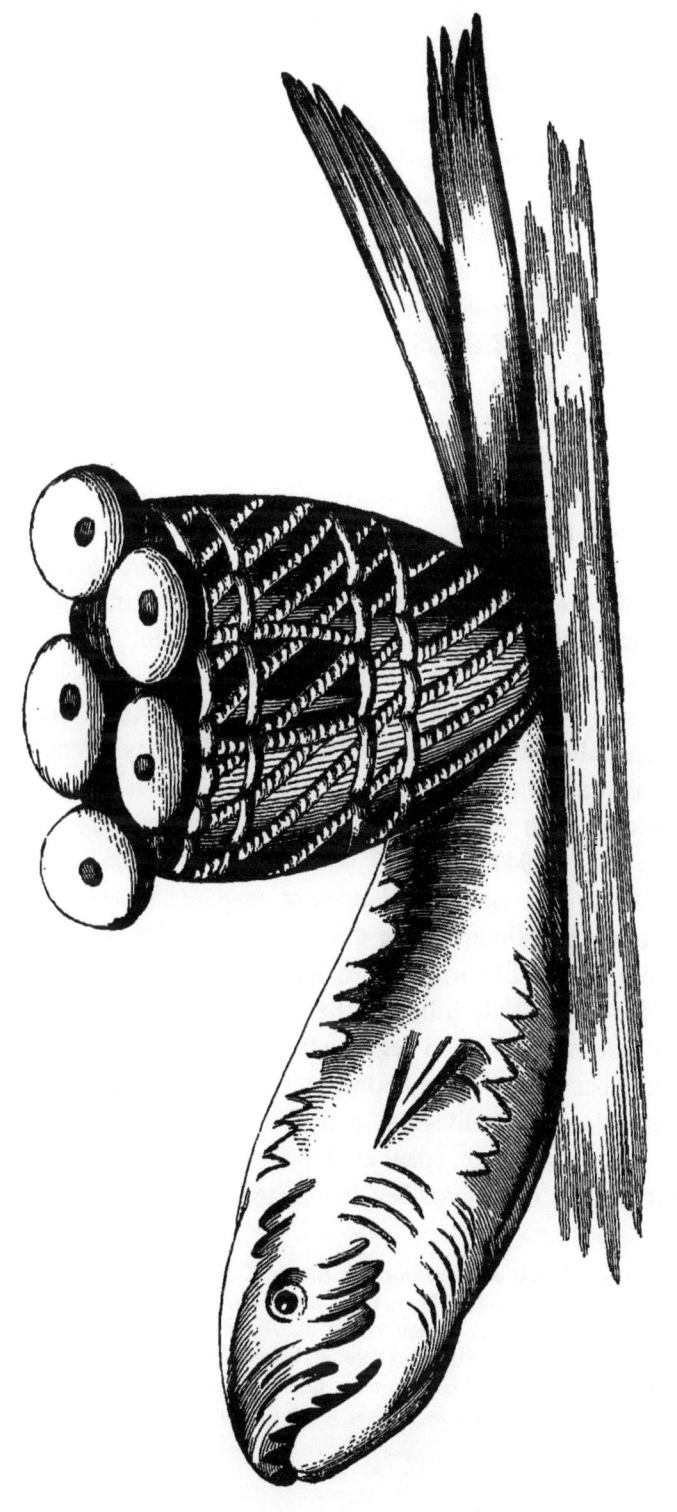

(*epist.* XIII edit. Veron. S. 397) *panis verus et aquae vivae piscis* nennt. Bei der Verbindung des ΙΧΘΥΣ mit dem Brode drängt sich uns sofort die eucharistische Beziehung auf. Aber sie wird eine andere sein als auf den übrigen, schon besprochenen und besonders den noch zu besprechenden Denkmälern. In dieser ausgesprochensten Weise lebendig erscheint uns sonst nie wieder der mit dem Brode verbundene Fisch. Dass wir aber an **Christus**, den Lebendigen, und nicht an **Christen** als Lebendige zu denken haben, kann auf dem vorliegenden Doppelsymbol nicht zweifelhaft sein. Fand irgendwo die Verdoppelung des Symbols der Symmetrie halber statt, so auf dem vorliegenden Gemälde, dessen dekorativer Charakter leicht ersichtlich ist.

Einen geflochtenen Weidenkorb trägt der Fisch. Den Gebrauch der Weidenkörbe bei den Hebräern, Griechen und Römern für die Opfer und ebenderselben später bei den Christen zur eucharistischen Feier haben Pelliccia, Marini, Minervini zur Genüge nachgewiesen.[1]) Heilige Brode, ein Glasbecher [2]) mit Wein sind der Inhalt dieses Korbes, den der ΙΧΘΥΣ trägt. Ist es nicht, als hätte vorliegende Darstellung Hieronymus auf seinen Sonntagswanderungen in den Katakomben[3]) gesehen (oder fand Aehnliches noch zu seiner Zeit statt?), wenn er (*Ep. ad Rustic.* n. XX, t. I, S. 947 ed. Vall.) schreibt: *Nihil illo ditius, qui corpus Domini in canistro vimineo et sanguinem portat in vitro?* Es ist nur der Unterschied, dass Christus selbst als Träger der eucharistischen Elemente erscheint. Wenn wir nun bedenken, dass in diesen unterirdischen Räumlichkeiten das eucharistische Mahl gefeiert wurde, so legen wir wohl nichts hinein, wenn wir dieses lebensvolle Bild so erklären: Christus der Lebendige kommt zu der Gemeinde mit Brod und Wein. Es ist nicht schlecht Brod und Wein nur, das er der Gemeinde bietet, sondern er selbst kommt mit demselben in inniger Vereinigung. Man kann

---

1) Pelliccia *De eccl politia* ed Braun (Cöln 1838) t. III, S. 17. Marini, *Arvali* S. 396. 423. Minervini, *Bull. arch. nap.* 2 ser. t. V, S. 92.

2) Vielfach wurden in den ersten Jahrhunderten gläserne Kelche beim Abendmahl benutzt. Ausdrücklich verboten wurden sie erst im J. 813. Vgl. Kliefoth, *Gottesdienst-Ordnung*, Bd. 3, S. 332.

3) Hieron. *Comment. in Ezech.* 40, 5 und 6.

sich wohl kaum eine sinnigere Verbildlichung des Glaubens der alten Kirche in Bezug auf die eucharistische Speise vorstellen, als die vorliegende bietet. Von der Wandlung freilich ist hier keine Spur zu finden. Sagt man, die lasse sich nicht darstellen, so wollen wir das nicht bestreiten. Aber den Versuch dazu hat die nicht mehr altkatholische, sondern mittelalterliche, päpstliche Kirche jedenfalls gemacht.[1])

De Rossi setzt die Ausführung dieser Malerei, sowie die Anlegung der besprochenen Räumlichkeiten in das zweite Jahrhundert. Ja er steht nicht an, an noch frühere Zeit zu denken. Sonach hätten wir in dem besprochenen *prezioso monumento della fede primitiva nel dogma eucaristico* wohl das zweit-älteste Freskobild vor uns, auf dem uns der symbolische Fisch begegnet. Das älteste lernten wir im Eingange dieser Arbeit kennen und werden es im Folgenden noch einmal zur Vergleichung anzuführen haben.

Der ersten Hälfte des dritten Jahrhunderts werden die Malereien angehören, die sich in den Räumen unweit der Crypte der Bischöfe befinden. Hier erwartet uns ein förmlicher Cyklus von Fresken mit dem eucharistischen ΙΧΘΥΣ.

Wir gelangen zu diesem nun zu charakterisirenden Theile von S. Callist, indem wir entweder in südwestlicher Richtung in überaus schmalen Gängen mit Hilfe eines kundigen Führers vorwärtsschreiten (eine sehr empfehlenswerthe Partie) oder aber auf weit kürzerem Wege über der Erde in gleicher Richtung uns zu dem auf de Rossi's Plane[2]) mit der Ziffer 2 bezeichneten tiefen und engen Eingange begeben, der uns direkt zur Crypte der Bischöfe führt. Dieselbe ist ein oblonger Raum,[3]) durchaus zu Begräbnisszwecken bestimmt. Aus der barbarischen Verwüstung, die auch diesen Theil von S. Callist, das coem. Callisti x. s. (Cf. *Lib. pont. in Xysto* III, § 7), getroffen hat, sind nachfolgende

---

1) Man sehe die sogenannte *Hostienmühle* in den Chorfenstern des Münster zu Bern.
2) R. S. Bd. I, Tafel 35—40, Quadrat e B.
3) A. a. O. BCc.

Epitaphien gerettet, welche de Rossi aus vielen Stücken zusammensetzte:[1])

ΑΝΤΕΡѠ CͰ ΕΠ 1 lautet das erste dieser Monumente, nennt uns den Namen des römischen Bischofes Anterus (235—6) mit Bezeichnung seiner bischöflichen Würde. Es folgt

ⳘΑΒΙΑΝΟ CͰΕ ΤΤΙ. Ⱶ ΛⲢ Fabianus (236-250). Das dem ΕΠισκοπος hinzugefügte ΜαΡ-Τυρ rührt von späterer Hand her, ist jedoch historisch richtig.

ΛΟΥΚΙC Bei dem Namen des Lucius (252—3) stand der Form des Fragmentes nach zu urtheilen wohl auch noch ein: ΕΠισκοπος.

ΕΥΤΥΧΙΑΝΟCͰΕΠ I C Das letzte dieser *reliquie più dell' oro e di qualsivoglia gemma preziose* giebt uns den Namen und die Würde des Eutychianus (274—283) an.

---

1) Publicirt von de Rossi in seiner *R. S.* Bd. I, S. 255. Durch besondere Freundlichkeit de Rossi's befindet sich der Vf. im Besitze von Originalphotographien obiger Inschriften. Diese wurden unserer Publication zu Grunde gelegt. Die Paläographie beweist, dass wir in der That die ursprünglichen Grabschriften der betreffenden römischen Bischöfe vor uns haben. Der zwischen dem Tode des Anterus und des Eutychianus liegende Zeitraum von fast 48 Jahren ist (nach de Rossi) deutlich an der Verschlechterung der Schrift zu erkennen.

Aber keineswegs waren nur diese vier Bischöfe hier begraben. Jedenfalls ruhte hier z. B. auch Sixtus II (257—59) wie aus den Wandkritzeleien (Graffiti) der Pilger ersichtlich ist. Wahrscheinlich waren in dieser Crypte im Ganzen 11 römische Bischöfe, von Pontianus († 235) bis Melchiades († 314), beigesetzt. Diese Crypte der Bischöfe steht eng mit einem anderen Raume in Verbindung, in welchem de Rossi auch für den grössten Sceptiker das Grab der h. Caecilie nachgewiesen hat.

Von dieser besprochenen bischöflichen Begräbnissstätte des dritten Jahrhunderts gelangt man nach wenigen Schritten zu einem verhältnissmässig breiten Gange,[1]) auf dessen rechter Seite in etwa gleichen Entfernungen fünf kleine, ziemlich ähnliche Gemächer auf einander folgen. Diese Anlage scheint der der bischöflichen Crypte gleichzeitig zu sein. Die beiden ersten der bald näher zu beschreibenden fünf Cellen reservirten sich vielleicht die fossores. Man sieht daselbst Bilder, die sich auf ihr Handwerk beziehen.

Die hier gefundenen Inschriften, zum Theil noch die Gräber schliessend, erweisen, dass die Beisetzung der Leichen jedenfalls noch vor dem vierten Jahrhundert stattfand. Nur einmal findet sich das ☧ der Constantinischen Zeit. Dieses Monument fand sich aber zwischen andern Steinen, die aus einem oberen Stockwerke heruntergestürzt waren, so dass es nichts zur Zeitbestimmung seines Fundortes beitragen kann. Ebenfalls einmal kommt das Monogramm Christi in der Form ✶ vor, die für vorconstantinisch gehalten wird, von der schon Boldetti S. 80 (de Rossi *Inscr.* I, S. 16, n. 10) ein Beispiel aus demselben Cömeterium anführt, das dem J. 268 angehört. Sonst finden sich nur die Symbole der früheren Zeit: der gute Hirte, das Schiff, Olivenzweige, besonders aber auch der Anker und endlich der Fisch, auf dem Wasser schwimmend oder mit seinem so häufigen Begleiter, dem Anker, verbunden.[2]) Auf zwei

---

1) A. a. O. quer durch das Quadrat Ce streichend.
2) So nach de Rossi im *Bull. di arch. cr.* 1863 S. 82. Die Inschriften selbst standen mir nicht für diese Arbeit zu Gebote. De Rossi hat sie noch nicht edirt. Dass nicht veröffentlichte Denkmäler dem Fremden nicht überlassen werden, ist selbstverständlich und in der Ordnung.

Epitaphien findet sich das seltene T, *ricordo misterioso della croce.*[1])

Damit stimmt die überaus einfache Diction: der blosse Name des Verstorbenen findet sich häufig, dazu etwa noch ein Zuruf, wie: *Dormi in pace, vivas in Deo, in Domino et Christo!* Die griechische Sprache herrscht vor, wie auch die tituli der Bischofsgräber zeigen. Manche Inschriften sind so elegant, dass man sie für heidnische aus der besten Zeit halten könnte, wenn sie nicht noch an ihrem ursprünglichen Orte gefunden wären. So z. B. die folgende mit unbedeutenden orthographischen Versehen:[2])

SERGIVS ALEXANDER
CAECILIE FAVSTAE
COIVGI SVE BENE
MERIENTI FECIT

☧

Die ausführlichste der in diesen Räumen (an der fünften Celle) gefundenen Grabschriften bezieht sich auf ein 5jähriges Kind Chresime Victoria:

CHRE · SI · ME · DVL · CIS · SI · MA · ET · MI · HI · PI
EN · tis · si · MA · Fi · li · a · vI · VAS ☧ IN · DE · O · QVE
RED · DE · DIT · ANN · V · M̄ · VII · D̄ · V · CHRE · SI · MVS · ET·
VI · CTO · RI · NA · PA · REN · ☧ TeS · *VICTORIA*
VIVAS IN DEO

Chresime dulcissima et mihi pientissima filia vivas in Deo. Qu(a)e reddedit (reddidit sc. vitam) annorum V, mensium VII, dierum V. Chresimus et Victorina parentes. Der Schlusszuruf ist leicht von späterer Hand hinzugefügt.

Merkwürdig viele Inschriften tragen die Namen Aurelius, Aurelia, also von Christen *de domo Caesaris*, von Freigelassenen, Clienten der kaiserlichen Familie. Ohne weitere Mischung heissen

---

1) Vgl. des Verfassers *Spottcrucifix* S. 35.
2) Beachtenswerth ist dieser titulus auch, weil die Verstorbene der gens Caecilia angehört. Wir begegnen sonst selten auf christlichen Inschriften Gliedern dieser gens. Hier jedoch ist in nächster Nähe das Grab der gefeierten Märtyrin und Jungfrau Caecilia.

diese nur so zur Zeit Caracalla's, des Heliogabalus und Alex. Severus,[1]) zur Zeit der römischen Bischöfe Zephyrinus, Callistus, Urbanus, Pontianus. Diese Anzeichen würden für Anlegung und hauptsächliche Benutzung dieses Theiles des coem. Callisti in der ersten Hälfte des dritten Jahrhunderts sprechen. Zu einem gleichen Resultate wird uns die Kenntnissnahme von den hierselbst befindlichen Malereien führen.

In der ersten der oben (S. 107) erwähnten Cellen bemerken wir eine Darstellung der Taufe — es ist die älteste nach de Rossi. Ein mit Tunica und Pallium bekleideter Mann legt einem ganz nackten, nur bis an die Knöchel im Wasser stehenden Knaben die rechte Hand auf.[2]) Rechts haben wir einen nur mit dem Pallium bekleideten Mann vor uns, dessen Schulter entblösst ist. Er scheint zu sprechen. Man sieht jedoch Niemand, den er etwa anredete. Möglicher Weise wollte trotzdem der Maler einen Priester oder Bischof darstellen, der zum Volke redet. In der erwähnten, ursprünglich den heidnischen Philosophen eigenthümlichen Tracht, gingen nehmlich die christlichen Asceten, besonders die Priester und Bischöfe sehr häufig.[3]) In der Mitte des dritten Jahrhunderts spricht Cyprian *(de bono patientae)* von der *exerti ac seminudi pectoris inverecunda jactantia*, und fügt hinzu: *nos qui philosophi non verbis sed factis sumus, nec vestitu sapientiam sed veritate praeferimus*. Ausserdem bemerken wir in demselben Raume umstehendes Gemälde,[4]) bei dem wohl Jeder an den „Tisch des Herrn" denkt — auch wer nicht schon eben vorher das Sacrament der Taufe sowie die evangelische Verkündigung dargestellt sah. Ein Tisch mit Bro-

---

1) De Rossi *Bull. di arch. cr.* 1863, S. 83.
2) Eine Copie dieses Gemäldes, wie der meisten in diesem Abschnitte besprochenen Fresken befindet sich im Mus. cr. di S. Giov. in Lat. Vgl. Perret *Catacombes* t. I, 60, Martigny *Dict.* S. 71.
3) Vgl. Walch *Antiquitates philos. vet. Christ.* Jena 1746, S. 138 und Salmas. zu Tert. *de pallio*, S. 76.
4) Vgl. Perret, a. a. O. t. I, 61.

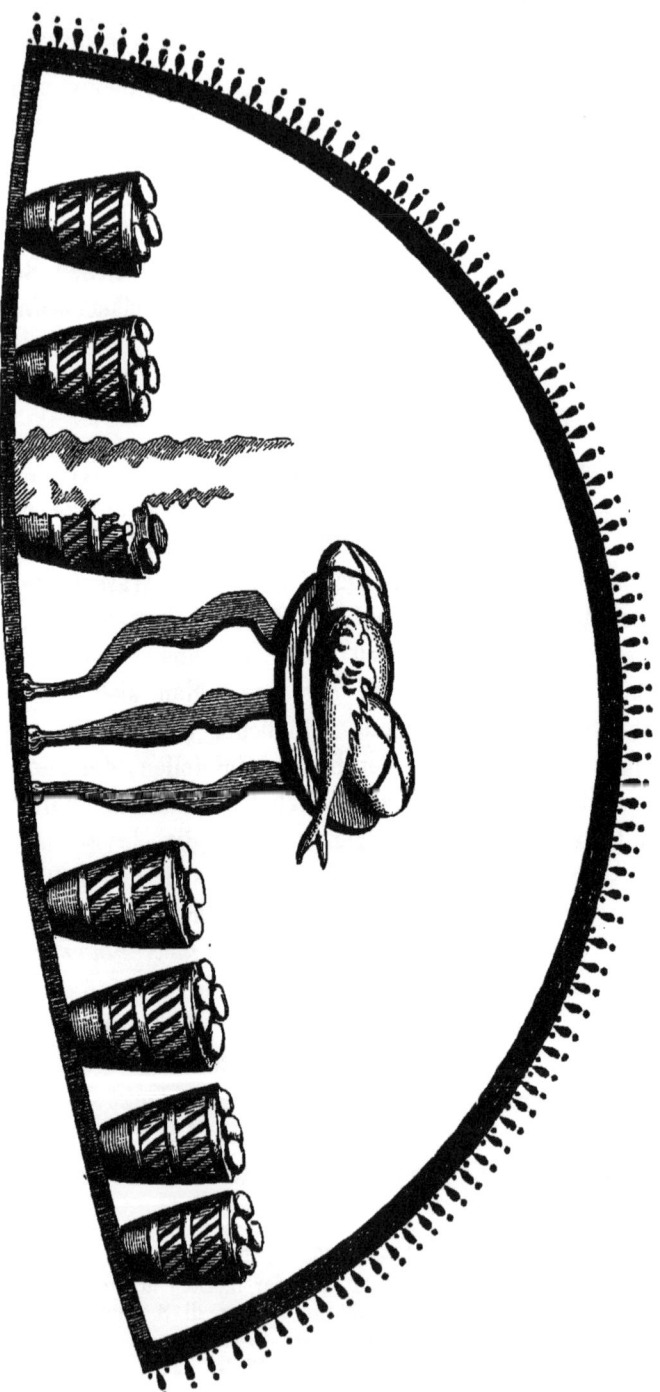

den[1]) und dem Fisch steht zwischen sieben Brodgefüllten Körben. Offenbar soll uns die Verbindung des ΙΧΘΥΣ mit dem zum Essen bereit liegenden Brode vorstellig gemacht werden. Die eigentliche und die symbolische Darstellung des eucharistischen Tisches gehen in einander über. Es ist nicht nur Brod, das zum Genuss geboten wird, sondern mit demselben vereint Jesus Christus, Gottes Sohn, der Heiland. Wir gestehen aber gern ein, dass wir so aus unserem kirchlichen Glauben und Bewusstsein heraus erklären. Will Jemand das Neben- und Auseinander des ΙΧΘΥΣ und der Brode geltend machen und Beides durch ein „bedeutet" verknüpfen, wir könnten ihm das Recht zu solcher Deutung nicht streitig machen.

Die sieben Körbe mit Broden bringen das eucharistische Mahl mit der wunderbaren Speisung in Zusammenhang. Sie erinnern uns an die sieben Körbe voll Brocken bei Mat. 15, 37.

Wie Christus wunderbar die Tausende speiste, welche ihm in die Wüste folgten, so giebt er sich selbst in wunderbarer Weise den Seinen zur Speise auf dem Wege des Lebens. Solche Beziehung ist der alten Kirche sehr geläufig gewesen. Zu den Zeugnissen der Väter hierfür[2]) treten die der Monumente, von denen wir die der Inschriften schon kennen lernten und die der Wandgemälde sogleich noch weiter besprechen werden.[3])

Weil wir keine eigentliche Copie des Abendmahlstisches der alten Kirche vor uns haben, sondern in symbolischer, allgemeinerer Weise mit Anknüpfung an die ev. Berichte von den Speisungen in der Wüste uns Jesus Christus Gottes Sohn der Heiland als das Brod des Lebens vorstellig gemacht

---

1) Ueber das viergetheilte Brod sagt Garrucci, *Vetri*, S. 52: *Quanto alla divisione del pane in quattro porzioni ella è notissima.... Ed era caro ai cristiani primitivi di cosi segnare il pane per la somiglianza di quella figura con la croce.* In den Acten des Apostels Thomas (ed. Tischendorf c. 46) lesen wir: διεχάραξε τῷ ἄρτῳ τὸν σταυρὸν καὶ κλάσας ἤρξατο διαδιδόναι.

2) Vgl. Hilarius, *in Mat.* XIV, Augustin, *sermo* CLXIII (In Mai's *Nova patr. bibl.* t. I, S. 363 ff.), Ambrosius *de virginibus*, lib. III, c. 1.

3) Vgl. ausserdem noch den Sarcophag von Arles, besprochen von de Rossi, R. S. 350, auch das (freilich späterer Zeit angehörige) neuentdeckte Bild aus Alexandrien, in Farbendruck publicirt in der Augustnummer 1865 des *Bull. di arch. crist.*

werden soll, dürfen wir uns nicht wundern, von dem Weine auf dem mitgetheilten Bilde keine Spur zu finden. Die römische Archäologie würde schwerlich unterlassen haben, davon in ihrer Polemik gegen die *più per amore di vino che per amore di Dio. Da calicem!* rufenden *luterani*[1]) Gebrauch zu machen, wenn die Sache sich nicht so einfach erklärte, Rom sich im Grunde dadurch selbst schadete, da ja auch ein römischer Messalter ohne Kelch unvollständig zugerüstet wäre, wenn endlich nicht die Darstellung der Hochzeit zu Cana auf alten Denkmälern für eine Anspielung auf die Wandlung des Weines im Messopfer, und die wunderbare Speisung als auf die andere Gestalt, das Brod, bezüglich erklärt würde.[2])

Das Wort Gottes und die beiden Sacramente der Taufe und des Abendmahls hat uns das erste der fünf Gemächer versinnbildet. Aehnliches bietet uns die zweite Celle, die von den

---

[1] Worte Secchi's S. J. in seiner Abhandlung über das Monument von Autun (in der *Accad. Pontificia*, 1840). Wir bemerken ausdrücklich, dass de Rossi solche Sprache nicht führt. Er vermeidet überhaupt Theologie und Polemik.. *Archaeologum non theologum me agere oportere probe sentio* ist seine Loosung.

[2] Vgl. de Rossi *Bull. di arch. cr.* 1865, S. 74. Hierbei ist jedoch zu bemerken, dass es sich einmal um Wandlung, das andere Mal um Mehrung handelt, solche Vertheilung auf die beiden Elemente des Sacramentes höchst ungeschickt wäre, da nach römischer Lehre Wandlung und Mehrung bei jeder der beiden Gestalten stattfindet. Endlich aber kommt das Speisungswunder überaus häufig und schon auf den ältesten Denkmälern zur Darstellung, dagegen aber die Wandlung des Wassers in Wein zu Cana höchst selten auf älteren Monumenten, und auch da ist die eucharistische Beziehung mindestens ungewiss. Cyrill, der unter den älteren Kirchenlehrern sich fast am Meisten der Verwandlungslehre nähert, erinnert freilich beim Abendmahle an das Wunder zu Cana (*Catech.* 22, 11), allein eine wie heute in der römischen Kirche allgemein angenommene Beziehung zwischen diesem „ersten" Wunder des Herrn und dem täglich in der Wandlung durch die Hand des Priesters sich vollziehenden, fand noch nicht statt. Eine solche aber wurde allgemein entschieden zwischen jener Speisung in der Wüste und der im eucharistischen Mahle angenommen, gewiss auch mit Beachtung des Umstandes, dass hier wie dort stattfand, darüber anbetend die ev. Kirche singt:

„Nein Vernunft, die muss hier weichen,
„Kann dies Wunder nicht erreichen,
„Dass dies Brod nie wird verzehrt,
„Ob es gleich viel Tausend nährt." (J. Franck.)

Führern „Kapelle der Sacramente" genannt wird. Auf der dem Gange zugekehrten Wand bemerken wir vom Eingange links die so beliebte Darstellung des Moses, der mit seinem Stabe an den Fels schlägt. Darauf folgt an der anstossenden Wand

das Bild eines Vogels, die beigedruckte sinnbildliche Darstellung jenes Fischfanges, bei dem „der Angelhaken nicht tödtet, sondern lebendig macht" (Ambr.), der *solemnitas sacramentorum, quibus initiantur, quos pervestigat in aquis multis misericordia tua* (Aug. Conf. lib. 13, c. 23). Weiter ist ein wirkliches Bild der christlichen Taufe zu sehen: ein nur mit einem Schurz bekleideter Mann übergiesst einen Knaben, der bis zu den Knöcheln in einem Gewässer steht, reichlich mit Wasser. Als Schluss dieser Bilderreihe ist der Gichtbrüchige dargestellt, der sein Bette genommen hat und wandelt. Dass diese Darstellungen zur Taufe in Beziehung stehen und der aus derselben fliessenden Vergebung der Sünden (hierfür ist die Erzählung vom Gichtbrüchigen nach Marc. 2, 9 benutzt), ist klar.

Die nun folgende, dem Eingange gegenüberliegende Wand zeigt uns zuerst das Bild eines *fossor* in der vor Mitte des dritten Jahrhunderts üblichen Tracht: der aufgeschürzten weissen Tunica ohne jeglichen weiteren Schmuck. In der Hand hat er sein Arbeitsgeräth, die Hacke. Darauf folgt die S. 116 mitgetheilte Darstellung und das S. 118 abgedruckte Mahl. Mit Beiden offenbar im Zusammenhange steht ein weiteres Bild, das ohne Zweifel als Opferung des Isaac zu erklären ist.[1]) Ein *fossor*, in ganz ähnlicher Weise wie zuvor dargestellt, bildet den Schluss dieser Reihe, als deren Hauptgegenstand das h. Abendmahl leicht zu erkennen ist.

Die vom Eingange rechts liegende, nun folgende Wand bietet des Interessanten wenig: einen Vogel und eine Arabeske.

---

[1]) Publicirt von Garrucci auf der dem Texte seiner *Vetri* beigegebenen Tafel.

Undeutbar ist die unmittelbar beim Eintritte rechts auf der an den Gang stossenden Wand dargestellte Gruppe, die man gern als Christus und die Samariterin deutete, wäre der vermeinte Christus nicht vielmehr eine Frau.

An jeder (mit Ausnahme der dem Gange zugekehrten) Wand bemerken wir nahe an der Decke eine Scene aus der Geschichte des Jonas. Als Deckengemälde ist der gute Hirte dargestellt.

In Betreff des Styles geben sich diese Bilder, wie die vorher characterisirten, als dem dritten Jahrhundert angehörig zu erkennen. Die Ornamente sind meist der heidnischen Kunst entlehnt, wie z. B. nebenstehender Delphin am Dreizack, der sich in diesen Räumen findet, wohl aber nichts mit dem ΙΧΘΥΣ zu thun haben wird, sondern wahrscheinlich nur als Schmuck aus dem Heidenthum herübergenommen wurde.[2])

Bevor wir nun die beiden Fresken dieses Raumes, welche den symbolischen Fisch — zur Mahlzeit aufgetragen — zur Darstellung bringen, näher erörtern, erinnern wir uns des S. 6 mitgetheilten Gemäldes, das wir für das älteste der ΙΧΘΥΣ-Monumente (wenigstens auf dem Gebiete der Malerei) erachteten. Wir führen es uns der Vergleichung halber nebenstehend noch einmal vor Augen.

Wir erklärten die Scene: zwei Verstorbene seien in ihrem täglichen Leben dargestellt, wie ihnen ihr häusliches Mahl zum eucharistischen, zum Herrenmahle wird oder: wie sie im häuslichen Kreise die *coena Domini* als Familienmahl feiern (*act.* 2, 46), so dass ihnen ihr Haustisch zum Tisch des Herrn wird, der Hausherr von seinem priesterlichen Rechte Gebrauch macht.

---

1) Offenbar nur zum Zwecke der Dekoration finden sich so auch Delphine auf dem von Bosio S. 307 mitgetheilten Freskogemälde des coem. an der Via Latina. Alles christlich zu erklären, verlernt man in Rom bei täglicher Anschauung und Vergleichung der heidnischen und christlichen Denkmäler.

Vergleichen wir damit das erste der ΙΧΘΥΣ-Gemälde unserer zweiten Celle,[1]) so treten uns sofort bei grosser Aehnlich-

keit der Darstellung sehr characteristische Unterschiede entgegen. Hier wie dort finden wir — wie auch auf dem S. 110 mitge-

---

[1]) Unsere von de Rossi's Publication etwas abweichende Abbildung (vgl. z. B. die drei Finger an der linken Hand des Weibes) ist die genauere. Garrucci *Vetri* und Martigny *Dict.* S. 401 geben weniger getreue Illustrationen dieses Monumentes.

theilten Bilde der vorigen Celle — den nun hinlänglich besprochenen Dreifusstisch des antiken Hauses als Tisch des Herrn.[1] Auf demselben befindet sich ein Brod und der auf einer Platte aufgetragene Fisch. Aber das Verhältniss, die Stellung der Personen zu diesem Tische, hat sich auf dem nun vorliegenden Monumente bedeutsam geändert. Nicht eine häusliche, sondern eine kirchliche Scene haben wir vor uns. Die Person links ist in der schon S. 109 besprochenen Weise nur mit dem Pallium bekleidet, so dass die rechte Schulter entblösst erscheint. Man wird in diesem Manne in der Asceten-Tracht wohl mit Recht den Priester erblicken, der seine Hände segnend dem eucharistischen Tische zuwendet — im Acte der Consecration begriffen ist. Das vom Tische rechts befindliche Weib erhebt in antiker Weise die Hände zum Gebet, das *sursum corda* versinnbildend. Dasselbe wird entweder als eine in dieser Celle Begrabene zu erklären sein, oder auch: sie soll die Kirche, die bei der eucharistischen Feier anbetende Gemeinde, bedeuten.[2] Auf jeden Fall aber haben wir auf diesem Denkmale eine bildliche Darstellung der *solemnitas sacramentorum* vor uns, *qua ille piscis exhibetur, quem levatum de profundo terra pia comedit* (Aug. *Conf.* lib. 13, c. 23).

Auf derselben Wand, diesem Gemälde entsprechend, ist die Opferung Isaac's abgebildet. Der Vorsteher des Museo Kircheriano in Rom, P. Tongiorgi S. J., machte mich im freundschaft-

---

[1] So erklären auch einstimmig die römischen Archäologen. Wie steht damit aber im Einklang der Grundsatz: „Jeder Altar ein Grab"? Freilich ist obiger Tisch nicht ohne Weiteres eine Copie eines antiken eucharistischen Tisches. Dennoch aber wird er uns ein Zeugniss dafür ablegen können, dass in jener alten Zeit die Kirche anders über den Altar dachte als die Folgezeit und das heutige Rom, das absolut keinen Altar kennt, der nicht — und wäre es in der künstlichsten Weise — irgendwie das Grab eines Märtyrers oder Heiligen darstellte.

[2] Dass die Kirche von den Alten unter dem Bilde eines Weibes dargestellt wurde, zeigt z. B. ein unter dem römischen Bischofe Coelestinus (422—432) gefertigtes Mosaik in S. Sabina auf dem Aventin. Unter weiblichen Figuren lesen wir da die Worte: *Ecclesia ex gentibus. Ecclesia ex circumcisione.* (Vgl. Ciampini *Vetera monimenta*, t. I, S. 186 u. 187. Bunsen, *Beschreibung der Stadt Rom*, Bd. 3—4, S. 412ff.). Wir haben keinen Grund anzunehmen, dass solche Personification der Gemeinde nicht schon früher stattfand.

lichen Gespräche darauf aufmerksam, wie hieraus die Auffassung der Eucharistie als eines Sühn-Opfers seitens der alten Kirche deutlich hervorgehe: die Opferung Isaac's sei als Typus des Messopfers dargestellt. Damit ist aber wohl zu viel bewiesen. Wenn nach römischer Anschauung Christus in der *coena novissima* ein *sacrificium* hinterliess, *quo cruentum illud, semel in cruce peragendum, repraesentaretur (Concil. Trident. Sess. 22, c. 1),* so sind doch diese beiden Opfer verschiedene, das eine blutig, das andere unblutig, das eine in solcher Weise nur einmal zu vollbringen, das andere seine sacramentale Erneuerung. In welchem dieser beiden Opfer nun aber auch Rom das Gegenbild der Hingabe des Sohnes Abraham's zu sehen habe, kann keinen Augenblick zweifelhaft sein. Die Väter haben sich schon für das Selbstopfer Christi auf Golgatha entschieden (vgl. Aug. *de civ. Dei*, 16, 32, Tert. *adv. Judaeos* c. 10).

Die Sache stellt sich so: Wie die Geschichte des Jonas auf den alten Monumenten unmittelbar die Auferstehung des Herrn darstellt, Moses den neutestamentlichen Heerführer repraesentirt, Elias des Herrn Himmelfahrt vor Augen führt u. s. f., so haben wir im Sinne der Kirche der Katakomben in der vorbildlichen Opferung Isaac's unmittelbar die Selbsthingabe des Eingeborenen zu erkennen. Das S. 116 mitgetheilte Gemälde stellt dann als die Frucht dieses

Opfers das eucharistische Mahl dar, in welchem der geopferte Christus denen sich zur Speise bietet, die sich die sühnende Wirkung seines einmaligen Opfers haben zu Gute kommen lassen.

Auf das zur Stärkung auf der irdischen Pilgerreise den Christen verordnete Mahl folgt aber noch ein anderes in der Vollendung. Dieses glauben wir in dem zwischen den zwei eben besprochenen Bildern in der Mitte liegenden (auf nebenstehender Seite abgedruckten) Gemälde erkennen zu müssen. Sieben Personen sehen wir an einer Tafel sitzen, auf der Fische auf Platten aufgetragen sind. Acht davor stehende Körbe mit Broden erinnern uns an die wunderbare Speisung in der Wüste, wenn auch die Zahl acht mit keinem der Berichte stimmt. Sie wurde als in gewisser Weise gleichgültig angesehen. So haben wir denn auch wahrscheinlich sieben Körbe[1] (also in Einklang mit der zweiten Speisung, Mat. 15, 37) auf einem anderen, vorstehendem sehr ähnlichen Gemälde aus diesem Theile von S. Callist zu erkennen, das wir nebenstehend mittheilen.

Endlich gehört hierher noch ein drittes Gemälde aus diesen Räumlichkeiten, das wir gleich den beiden voranstehenden erklären müssen. Auf ihm glaubt

---

1) So auf der Copie im Mus. Lat. Die von derselben überhaupt abweichende, (nach de Rossi's mündlicher Mittheilung) ungenauere Publication im *Spicil. Solesm.* t. III, Tafel II, 2 giebt acht Körbe.

de Rossi die Spuren von zwölf Körben auf dem Original erkennen zu können, so dass eine Beziehung auf Mat. 14, 20 stattfände.¹)

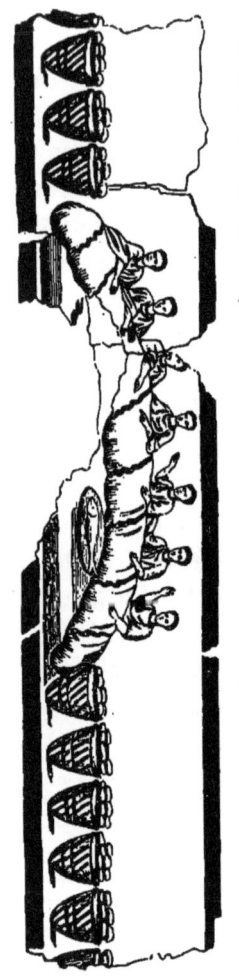

Wenn de Rossi in diesen Gemälden das Mahl am Meere von Tiberias (*Ev. Joh.* c. 21) dargestellt findet, so erachten wir die Differenz unserer Auslegung für überaus gering. Wir glauben die betreffende Johanneische Erzählung durchaus allegorisch deuten zu müssen und fassen das uns dort berichtete Mahl mit Hengstenberg (*Ev. des h. Joh.* Bd. 3, S. 340) als den himmlischen Lohn treuer Arbeit im Reiche Gottes, der mehrfach unter dem Bilde eines Mahles dargestellt wird, das Christus den Seinen bereitet, als das Unterpfand der himmlischen Mahlzeit. Aber geradezu dieses vorbildliche Mahl auf den mitgetheilten Bildern dargestellt zu sehen, können wir uns nicht entschliessen. Es erscheint uns solche Fassung wie ein Umweg. Ist es doch so natürlich, in der Siebenzahl der Speisenden die Gesammtheit der Gemeinde (vgl. *apoc.* c. 2 u. 3) ausgedrückt zu finden, welche nach den Vorbildern und Unterpfändern (dazu gehören besonders auch die wunderbaren Speisungen in der Wüste) nun das Höchste erlangt hat: den Genuss des ΙΧΘΥΣ in der Vollendung des Reiches Gottes, in der Vollzahl ihrer Glieder. Denken wir an das Mahl am Gestade des See's von Tiberias, so wird es immerhin auffallend sein, dass nicht (mit Christus) acht Personen abgebildet sind. Verstehen wir in unserer oder de Rossi's Weise die mitgetheilten drei Gemälde, der

---

1) Auch bei diesem Gemälde weicht die Copie im Mus. Lat. von der Publication im *Spicil. Solesm.* t. III, Tafel II, 3 merklich ab. Besonders erscheinen am ersteren Orte die tafelnden Personen überaus jung, eigentlich als Kinder. Die Originale sind so verdorben, dass nur der geübte Blick mit Anwendung künstlicher Mittel etwas Genaueres zu erkennen vermag.

Fisch wird jedenfalls Christum bedeuten, wie die gleichzeitigen Grabschriften viel davon sprechen, dass die seligen Gläubigen mit Christo leben und ihn geniessen, die Väter den *piscis assus* (*Ev. Joh.* 21, 9) einstimmig vom *Christus passus* verstehen.[1]) Bei den Fischen wird auch an die *pisciculi*, die Christen, denken müssen, wer die betreffenden Darstellungen von der Mahlzeit *Joh.* 21 versteht. Es handelt sich ja da um die durch der Jünger Fischerarbeit herbei- und zur Einheit gebrachte „allerlei Gattung Fische." Denkt man an das himmlische Freudenmahl der Kinder Gottes, so kann man leicht die Fische allgemeiner fassen, dass sie überhaupt nur Speise (höchstens mit Erinnerung an den symbolischen ΙΧΘΥΣ) bedeuten, so dass der Hauptnachdruck auf der Freude des Mahles liegt. Denn wenn wir auch noch sonst den Fisch bei Mahlzeiten aufgetragen sehen, die uns zweifelsohne das himmlische Mahl repräsentiren, wie

z. B. auf nebenstehendem Relief[2]) eines Sarkophags des Mus. cr. di S. Giov. in Lat., ferner auf einem von d'Agincourt *Sculpture*, Tafel VIII, 20 mitgetheilten Fragmente und

1) Vgl. z. B. Augustin (*Tract.* 123 *in Joannis Ev.*): *Fecit prandium Dominus illis septem discipulis, de pisce scilicet, quem prunis suprapositum viderant, et de pane. Piscis assus Christus est. Ipse est et panis, qui de coelo descendit. Huic incorporatur ecclesia ad participandam beatitudinem sempiternam ....., ut omnes, qui hanc spem gerimus tanto sacramento nos communicare possimus et eidem beatitudini sociare.* So auch Melito, Petrus Chrysologus, Eucherius, Gregor der Grosse, Beda Venerabilis und alle Exegeten des Mittelalters.

2) Der christliche Character obigen Monumentes steht aus mehr als einem Grunde fest. Das sinnige Brechen des Brodes seitens der Person rechts vom Beschauer kann uns wohl an „διεχάραξε τῷ ἄρτῳ τὸν σταυρόν" (Vgl. S. 111) erinnern. Im Uebrigen leugnen wir nicht, dass das obige Gastmahl zunächst einen weltlichen Eindruck macht und stehen nicht an, es in dieser Beziehung mit folgenden zweien (wohl heidnischen und wohl schwerlich publicirten, das erste — aus Borgia's Sammlung — im *Museo Nazionale* zu Neapel, das andere in der *Villa Borghese* vor Porta del Popolo zu Rom) zusammen zu stellen. Hier wie dort scheint uns die Dar-

einem Marmor aus späterer Zeit in Mailand (bei Allegranza *Sopra alcuni sacri monumenti antichi di Milano*, Mail. 1757), sowie

---

stellung zunächst durchaus der Sphäre des irdischen Lebens anzugehören.

Der Unterschied ist jedoch der: Wenn uns auf den heidnischen Monumenten der spät-römischen Zeit Gastmähler in hier mitgetheilter Weise

begegnen, so werden dieselben als Aufforderung zum Genuss des diesseitigen Lebens zu verstehen sein, da mit dem Tode wie Alles, auch die Freude des Mahles aufhöre, als Verkörperung der von Orelli (II, 7410) mitgetheilten Grabschrift: *Omnes qui legitis moneo: Miscete Lyaeum et teneros coitus formosis ferte puellis. Caetera post obitum tellus consumit et*

dem nach de Rossi in dieser Beziehung früher nicht richtig erkannten (vgl. Bosio *R. S.* S. 391, Aringhi t. II, S. 119) Wandgemälde aus S. Pietro e Marcellino — so besitzen wir doch auch wiederum Darstellungen des himmlischen Mahles, bei denen verschiedene Speisen vorkommen, so dass wir sehen, es kam nur darauf an, die Freude des Mahles im Allgemeinen auszudrücken. Solch' ein Bild ist besonders das schöne Gemälde aus S. Agnese mit dem Mahle, der Verstorbenen und den fünf klugen Jungfrauen (Bosio R. S. S. 461 und oft abgedruckt).

Blicken wir noch einmal zurück auf die nun besprochenen und zum Theil von uns mitgetheilten Wandgemälde des coem. Callisti κ. ε., so sehen wir lauter Darstellungen, die dem sonstigen Bildercyclus der Katakomben fremd sind, aber dem, welcher sie anordnete — de Rossi denkt im *Bull. di arch. cr.* 1863, S. 83 an den Bischof Callistus — alle Ehre machen. Sie stellen in eigenthümlicher Weise die Gnadenmittel vor Augen: wie der Mensch durch Predigt und Taufe ein *pisciculus* Christi wird, wie der ihm dann als Speise vorgesetzt ist, dessen Wesen er in der Wiedergeburt ähnlich wurde, wie er endlich zu dem Mahle der Vollendung gelangt, das sonst Abendmahl des Lammes heisst, hier als das des ΙΧΘΥΣ zu bezeichnen ist.

Nehmen wir hierzu noch die Darstellung des Fisches, der auf Wasser schwimmend den Korb mit Brod und Wein trägt, sowie das schon im ersten Abschnitte von uns mitgetheilte Gemälde aus dem coem. Domitillae, so müssen wir sagen: geben uns auch die besprochenen Inschriften, Gemmen und das andere Geräth mit dem Symbole des Fisches in herrlicher Weise das feste Bekenntniss zu Jesu Christo als Sohn Gottes den Heiland — und vielleicht noch ein Wenig mehr vom christlichen Glau-

---

ignis und ähnlicher Zeugnisse heidnischen Leichtsinns angesichts des Todes (vgl. besonders noch die von Gori III, 21 publirte Gemme). Dem gegenüber können Mahlzeiten auf christlichen Grabmonumenten doch wohl nur grade im Gegentheil den Glauben bezeugen, dass den Christen im Jenseits erst die rechten Freuden des Mahles, das der Herr als Lohn ihm bereitet, erwarten und diese in gewisser Weise vor Augen führen. Das schliesst nicht aus, dass die Darstellung sich an Mahlzeiten des irdischen Lebens anknüpft, man diese zunächst abgebildet sieht. Man muss nur nicht bei diesem Nächsten stehen bleiben.

ben, Lieben und Hoffen — die Fresken stellen dem Eingeweihten in symbolischer Form am Deutlichsten und Ausführlichsten Anfang, Mitte und Ende des christlichen Laufes dar, führen uns am Anziehendsten altchristliche Sitte und den Glauben an den ΙΧΘΥΣ vor Augen, der besonders auch im eucharistischen Mahle sich als ΙΧΘΥΣ d. h. als den lebendigen Sohn Gottes und Heiland erweist, der dem pilgernden und wie in der Wüste verschmachtenden Volke eine wunderbare Speise bereitet, die nicht anders dargestellt und genannt werden kann als unter seinem eigenen Bilde und mit seinem eigenen Namen.

Schluss.

Von Vornherein kündigten wir den ΙΧΘΥΣ als eines der ältesten Geheimzeichen der Kirche der Katakomben an, darunter man den Hauptinhalt der christlichen Lehre zum Schutz vor heidnischer Verunglimpfung und zu gegenseitiger Erkennung verbarg. Wir gingen demgemäss mit der Erwartung an unsere Arbeit, in den Zeiten des (äusserlichen) Sieges der Kirche höchstens noch verschwindende Ueberreste dieses Symbols als Nachklänge aus vergangenen Zeiten, keineswegs aber die Bezeichnung Christi als ΙΧΘΥΣ nach der Mitte des vierten Jahrhunderts noch im vollen Gebrauche zu finden. Unsere Untersuchungen haben uns fast ausschliesslich Monumente aus den Zeiten der Verfolgung vor die Augen geführt, also unsere Voraussetzungen bestätigt. Wo wir auf Denkmäler trafen, die entschieden späterer Zeit als den ersten Jahren des fünften Jahrhunderts angehörten, hatten wir es nicht sowohl mit dem Fische als Symbol Christi zu thun, als mit einer Darstellung von Christen unter diesem Bilde. Die Christen als Fische abzubilden, leitet aber die heilige Schrift selbst an und so ist denn in dieser Weise der Fisch stets angewandt worden. Von den Christen haben wir fast ohne jede Ausnahme die Monumente des Mittelalters zu verstehen, auf denen sich irgend etwas vom Fische findet. Auf diese wollen wir hier noch schliesslich einen kurzen Blick werfen.

Etwas vollständig Vereinzeltes ist es, wenn wir in der Mitte des dem Jahre 567 etwa angehörigen Mosaiks des Apsis von

S. Apollinaris in Classe zu Ravenna über einem reich mit Steinen besetzten, von A und ω eingeschlossenen Kreuze die Buchstaben lesen: I M D T C und unterhalb desselben die Worte: *Salus mundi*. Ciampini, der dieses Monument in seinen *Vet. Mon.* publicirte,[1]) erklärt die genannten Buchstaben als: *IMmolatio Domini Jesu Christi* mit Bezug auf 1. Cor. 5, 7. Hierauf scheinen demselben auch die unterhalb des Kreuzes befindlichen Worte anzuspielen *Salus mundi*. — Ohne Zweifel soll in dem Kreuze mit der Bei-, Ueber- und Unterschrift Christus, der durch Kreuz zur Herrlichkeit Gelangte — man beachte auch die Seitenfiguren: Moses und Elias — dargestellt werden. Die Erklärung Ciampini's von I M D T C macht einen überaus willkürlichen Eindruck. Aber die Lesart I M D T C ist auch keineswegs unangefochten. X I D T C las man schon im vorigen Jahrhundert (vgl. Ciampini a. a. O. S. 82). I X D T C wird wohl das Richtige sein. Die Verwechselung von Θ mit D darf im sechsten Jahrhundert gewiss nicht befremden.

Ohne jeglichen Zweifel sind die Fische — meist in grösserer Anzahl —, welche wir in den alten Baptisterien oder auf Geräth, das bei der Taufe benutzt wurde, abgebildet sehen, Darstellungen der im Wasser geborenen *pisciculi* Tertullian's, der Christen.

Wir nennen ein gegenwärtig im Kircher'schen Museum zu Rom aufbewahrtes Mosaik mit zwei Fischen, das einst einer alten Taufkapelle angehört haben soll.[2]) Zu Parentium in Istrien befindet sich ein Marmor — einst, wie man sagt, zum alten Baptisterium gehörig —, auf dem zwischen zwei Tauben und zwei Fischen ein Kreuz eingehauen ist. Eine Aufschrift bezeugt, der Bischof Euphrasius (543—555 oder 556) habe dieses Denkmal anfertigen lassen.[3]) Der verstorbene P. Marchi zu Rom (der Vorgänger de Rossi's) erwarb für das Kircher'sche Museum ein Erzgefäss, auf dem viele Fische zu sehen sind. Es ward nach seiner Meinung einst zur Taufe benutzt. Drei im Dreieck übereinander liegende Fische von getriebener Arbeit in einem

---

1) Joannis Ciampini *Vetera monimenta*. 2. Theil. 2. Ausgabe (Rom 1747) Cap. XI, S. 79, Tafel XXIV. Vgl. auch Martigny *Dict.* S. 639.
2) Vgl. Costadoni S. 325, Lupi *O. P. t.* I, S. 83.
3) Die Inschrift allein giebt Mai *Script. vet.* t. V, S. 84.

messingenen Taufbecken einer Dorfkirche in Seeland sah und publicirte Münter.[1])

Wollte man aber über die Bedeutung solcher Fische eine noch grössere Gewissheit haben, so gewährt uns dieselbe folgendes Monument aus der Mitte des sechsten Jahrhunderts, das bei der Restauration der Kathedrale von Pesaro entdeckt wurde.[2]) Unter einem blosgelegten Mosaikfussboden in Weiss, Roth und Schwarz befand sich noch ein anderer, dem ersten in Bezug auf Material und Farben sehr ähnlich, doch jedenfalls älter. Man liest auf demselben folgende metrische Inschrift:

E HO N TO
TVS MEDI
VS SED PIS
CIS AB IMO

Est homo non totus medius, sed piscis ab imo. Dazu ist ein Wesen dargestellt mit menschlichem Oberleibe, das nach unten in einen Fisch ausgeht.[3]) Ausserdem sieht man noch viele einzelne Fische zwischen Brodgefüllten Körben (Beziehung zur Eucharistie?).

Falls überhaupt noch irgend etwas vom Geheimsinn des Fisches vorhanden ist, so ward ein solcher jedenfalls nur traditionell herübergenommen und zwar bedeutungslos für das mitlebende und nachfolgende Geschlecht, wenn wir zu Ravenna auf den Ambonen der Kathedrale sowie der dem Johannes und Paulaus geweihten Kirche unter vielen anderen, stets sich wiederholenden Darstellungen auch eine Reihe von Fischen in langweiliger Ordnung antreffen. Jedermann erkennt: es handelt sich hier um dem Geschmacke der Zeit entsprechenden Schmuck. Es gehören diese Sculpturen der Mitte und dem Ausgange des sechsten Jahrhunderts an.[4])

---

1) Vgl. dessen *Sinnbilder* Tafel I, 26 u. S. 49.
2) Bericht über diese Entdeckung erstattet das *Bullettino dell' Instituto di corr. arch.* 1851, S. 203: *Sopra alcuni tratti di pavimento venuti a luce in Pesaro.*
3) Eine ähnliche Darstellung befindet sich auch in der Taufkapelle von S. Marco zu Venedig.
4) So nach dem Zeugniss der auf den Monumenten befindlichen In-

Nur in einer, ziemlich häufig wiederkehrenden Verbindung begegnet uns noch die Darstellung des Herrn unter dem Bilde des Fisches das ganze Mittelalter hindurch. Es ist der *piscis assus* bei *Joh.* c. 21, den (wie schon S. 121 erwähnt ward) die Exegese der späteren Kirchenväter und Kirchenlehrer einstimmig vom *Christus passus* verstand. Wir sehen ihn in Miniaturen (und auch sonst hier und da) sowohl auf Darstellungen des Mahles vom See Genezareth als auch besonders der *coena Domini*.[1]) Allein die Beziehung zu dem Anagramme I X Θ Υ Σ liegt hier schon ziemlich fern. Es ist wohl ausschliesslich eine ererbte Exegese von *Joh.* c. 21, die zu dergleichen Bildwerken veranlasste.

Mit Vorstehendem haben Alles genannt, was wir aus der Zeit der Ruhe der Kirche noch etwa als letzten verschwindenden Rest der in den Zeiten der Verfolgung so allgemein verbreiteten Darstellung Christi unter dem Bilde des ΙΧΘΥΣ antreffen. Wie aller menschlichen Form ihre Zeit gesetzt ist, so hatte sich die symbolische Bezeichnung Christi als Fisch überlebt. Nicht in gleicher Weise jedoch überlebt hat sich der mit dieser Bezeichnung gegebene Inhalt. Leben schaffend wird in stets neuer Weise und vollerem Klange in der Kirche von Geschlecht zu Geschlecht das Bekenntniss der Väter ertönen:

Jesus Christus, Gottes Sohn, der Heiland!

---

schriften. Vgl. Spretus *de amplitudine et eversione urbis Ravennae*, t. I, S. 266, Tafel IX und S. 278, Tafel XIII.

1) Sehr sorgsam sind die hierher gehörigen Monumente verzeichnet von Pitra in seinem Nachtrage zu de Rossi's Katalog n. 120 ff.